espejo
de
españa

84

«Ni está el mañana —ni el ayer— escrito.»

ANTONIO MACHADO

El dios ibero

1. La colección ESPEJO DE ESPAÑA, bajo el signo de Editorial Planeta, pretende aportar su colaboración, no por modesta menos decidida, al cumplimiento de una tarea que, pese a contar con tantos precedentes ilustres, día tras día se evidencia como más urgente y necesaria: el esclarecimiento de las complejas realidades peninsulares de toda índole —humanas, históricas, políticas, sociológicas, económicas...— que nos conforman individual y colectivamente, y, con preferencia, de aquellas de ayer que gravitan sobre hoy condicionando el mañana.

2. Esta aportación, a la que de manera muy especial invitamos a colaborar a los escritores de las diversas lenguas hispánicas, se articula inicialmente en siete series:

I los españoles
II biografías y memorias
III movimientos políticos, sociales y económicos
IV la historia viva
V la guerra civil
VI la España de la posguerra
VII testigos del futuro

Con ellas, y con las que en lo sucesivo se crea oportuno incorporar, aspiramos a traducir en realidades el propósito que nos anima.

3. Bueno será, sin embargo, advertir —puesto que no se pretende engañar a nadie— que somos conscientes de cuantas circunstancias nos limitan. Así, por ejemplo, en su deseo de suplir una bibliografía inexistente muchas veces, que cabe confiar estudios posteriores completen y enriquezcan, ESPEJO DE ESPAÑA en algunos casos sólo podrá intentar, *aquí* y *ahora*, una aproximación —sin falseamiento, por descontado, de cuanto se explique o interprete— a los temas propuestos, pero permítasenos pensar, a fuer de posibilistas, que tal vez los logros futuros se fundamentan ya en las tentativas presentes sin solución de continuidad.

4. Al texto de los autores que en cada caso se eligen por su idoneidad manifiesta para el tratamiento de los temas seleccionados, la colección incorpora un muy abundante material gráfico, no, obviamente, por razones estéticas, sino en función de su interés documental, y, cuando la obra lo requiere, tablas cronológicas, cuadros sinópticos y todos aquellos elementos que pueden complementarlo eficazmente. Se trata, en definitiva, de que cada uno de los títulos, en su unidad texto-imagen, responda a la voluntad de testimonio que preside las diversas series.

5. Sería ingenuo desconocer, empero, que este ESPEJO que, acogido a la definición que Stendhal aplicara a la novela, pretendemos pasear a lo largo del camino, según se proyecte a su izquierda o a su derecha recogerá, sin duda, sobre los mismos hombres, sobre los mismos hechos y sobre las mismas ideas, imágenes diversas y hasta contrapuestas. Nada más natural y deseable. La colección integra, sin que ello presuponga identificación con una u otra tendencia, obras y autores de plural ideología, consecuente con el principio de que ser liberal presupone estar siempre dispuesto a admitir que *el otro* puede tener razón. Aspiramos a crear un ágora de libre acceso, cerrada, única excepción, para quienes frente a la dialéctica de la palabra preconicen, aunque sólo sea por escrito, la dialéctica de la pistola.

6. Y si en algunas ocasiones la estampa que ESPEJO DE ESPAÑA nos ofrezca hiere nuestra sensibilidad o conturba nuestra visión convencional, unamos nuestra voluntad de reforma a la voluntad de testimonio antes aludida y recordemos la vigencia de lo dicho por Quevedo: «Arrojar la cara importa, que el espejo no hay de qué.»

RAFAEL BORRÀS BETRIU

Director

Cara y cruz

Memorias de un nieto de Franco

J. Cristóbal Martínez-Bordiu

Cara y cruz

Memorias de un nieto de Franco

EDITORIAL PLANETA BARCELONA

ESPEJO DE ESPAÑA
Dirección: Rafael Borràs Betriu
Serie: Biografías y memorias

Editorial Planeta, S. A., Córcega, 273-277, Barcelona-8 (España)
Edición al cuidado de Xavier Vilaró
Cubierta de Hans Romberg (fotos Autor y realización de Jordi Royo)

Procedencia de las ilustraciones: Angelo Cozzi, Archivo Editorial Planeta, Aurora Fierro/Cover, Busquets-Navarro, Camera Photo, Carvajal, Cifra Gráfica, Contifoto, Christine Spengler/Sygma, Efe, Europa Press, J. Campúa, J. Sánchez Ortega, Luis, Publifoto, Tecnifoto y Autor

Maquetas de ilustración interior: Eduardo Asensio
Producción: equipo técnico de Editorial Planeta
Primera edición: abril de 1983
Segunda edición: mayo de 1983
Depósito legal: B. 16765-1983
ISBN 84-320-5684-7
Printed in Spain/Impreso en España
Composición y compaginación: A. Parras, Composición Mecánica, Consejo de Ciento, 631, Barcelona-26
Impresión: Talleres Gráficos "Duplex, S. A.", Ciudad de la Asunción, 26-D, Barcelona-30

ÍNDICE

A mis amigos y compañeros
de la XXXVI Promoción,
deseando que en su actuación diaria
contribuyan a conseguir un Ejército
y una España mejores

Prólogo

¿Se puede escribir un libro autobiográfico a los veinticinco años? Yo lo he hecho, y serás tú, lector, quien juzgará si ha tenido sentido emprender este ensayo.

Existen varios motivos por los que me he puesto a escribir. El primero y más importante es el deseo que tenía desde hace varios años de acometer una experiencia literaria. Estando todavía en la Academia tuve muchas veces el presentimiento de que algún día escribiría acerca de la misma.

En ese sentido pienso que es fundamental para entender la idiosincrasia de nuestro Ejército conocer la Academia. Muchas de las características particulares del Ejército español tienen su raíz en la Academia General Militar. En ella se forma a los oficiales que luego tendrán el mando y los puestos de responsabilidad dentro del mismo. Mi experiencia personal me demostró que muchos de los fallos que veía en la Academia aparecieron después reflejados con distintas matizaciones en el resto del Ejército.

Otra de las cuestiones es explicar los motivos de mi actuación en la vida. Debo a la sencilla razón de ser miembro directo de una familia cuyo patriarca lo fue durante casi cuarenta años de España, el que mi persona, como las del resto de mi familia, es conocida, puesta en tela de juicio, criticada en muchas ocasiones y en otras adulada. Es semejante a un cotilleo acerca de alguien que está ausente. En este momento he decidido entrar en el lugar en donde la conversación se mantiene. La mejor manera, a mi entender, de introducirme en ese lugar es escribiendo.

Esta misma circunstancia que ha motivado el ponerme a escribir ha posibilitado, a la vez, la publicación de este libro. Gracias a mi apellido he tenido mayores facilidades en este sentido que cualquier otro en mi circunstancia.

Una gran parte del libro la dedico al Ejército. Esto no es de ningún modo un revanchismo o contestación a mi recientemente acabada vida militar. Si valoramos todos los aspectos positivos y negativos que esta experiencia me ha supuesto, los positivos pesan sobre los negativos sin lugar a dudas.

Es cierto que a lo largo del libro, aunque valoro y nombro virtudes de la institución militar, me fijo y me recreo más en los negativos. El que piense que por ello tengo manía al Ejército, yerra. Muy al contrario: profeso un gran amor a la familia militar y, en particular, a sus miembros. Me siento ligado a mis compañeros y en deuda con la experiencia vivida, por lo cual, y sólo con el deseo de que mis críticas sean constructivas y sirvan para que el Ejército evolucione a algo mejor, me he puesto a escribir sobre ello.

La Academia desde el punto de vista del alumno sólo la conoce él mismo. Pero el alumno carece de libertad de expresión para poder emitir juicios sobre el tema. La circunstancia de ser un oficial de carrera que acaba de dejar el Ejército es casi excepcional. Bastantes son quienes lo dejan posteriormente y de una manera temporal por medio de una excedencia. Yo, debido a mi corto tiempo de estancia en el servicio, no tenía derecho a esta situación, y de haberme encontrado en ella tampoco podría opinar objetivamente, puesto que al pertenecer a un grupo, aunque se esté alejado temporalmente, se está coaccionado por el mismo.

Trato en el libro otros temas que son de puro cotilleo. Sé que serán bastantes los lectores que comprarán el libro en busca del chisme. Pienso que éstos pueden sentirse algo defraudados. Otros buscarán sencillamente morbo con respecto a mi familia, y éstos creo que van a ser los más defraudados. Así como el Ejército tiene virtudes y defectos, también los tenemos los miembros de mi familia. Ésta ha sido en numerosas ocasiones atacada críticamente y a veces acusada de falsos pecados. Todos y cada uno de los miembros de mi familia tenemos defectos, pero no pienso que por relatarlos en un libro vayamos a dejar de tenerlos. Dichos defectos se los hago notar cara a cara y por separado, aunque tampoco así suelo obtener grandes resultados.

Mucha gente alucina al comparar la imagen que mostraba mi abuelo con la que damos nosotros. Mi abuelo nació en El Ferrol, hijo de un oficial de Marina y en el seno de una familia católica y monárquica de aquel entonces. De ahí que hoy haya monarquía en España. Yo he nacido en un palacio, he tenido un montón de privilegios, he podido viajar, aprender distintos idiomas, culturas y puntos de vista. Sería incomprensible que tuviera su misma moralidad y rectitud. Siempre he intentado seguir los designios de mi conciencia aunque supusiera un sacrificio. Lo sigo haciendo.

¿Que vivo con más comodidades que cuando era oficial e intento hacer aquello que más me gusta y más beneficios me reporta? Creo que es de lo más humano y en el fondo lo que todo el mundo procura.

A lo largo de este libro intento atenerme lo más posible a la verdad tal y como la veo, en ocasiones limando asperezas o tratando algunos temas con la mayor sutileza posible. Como se trata de un libro en claro en el que hablo de personajes vivos y que tienen que seguir viviendo, cambio algunos nombres. Otros son inventados, porque soy un desastre a la hora de recordar nombres propios. Me considero buen fisonomista y capaz de recordar una cara mucho tiempo, pero en lo de los nombres soy negado.

Nunca me ha gustado que mis conocidos cotilleen acerca de mis intimidades, por lo cual creo que no soy quién para hacerlo con nadie. Seguramente escriba de otro tipo de aspectos de mi vida en otras ocasiones, pero entonces serán novelas.

Espero, lector, que tu paseo mental por las páginas de mi libro no te defraude y si no te sirve para aprender nada nuevo, al menos te sirva de distracción y evasión de tus problemas cotidianos.

Marrakech, 20 de febrero de 1983.

PRIMERA PARTE

Civil

El hotel Corona de Aragón en llamas.

CAPÍTULO PRIMERO

El holocausto

«Cristobalito, Cristobalito.» «Déjeme, Engracia. La compañía está formada y voy a llegar tarde.» «Cristobalito, escúchame un momento que es muy importante.» «A ver, explícame en dos palabras qué es lo que quieres.» «El hotel Corona de Aragón está ardiendo y tu familia está dentro.»

Era el 15 de julio de 1979. Faltaban cinco minutos para el toque de compañía, lo que para nosotros suponía el comienzo del acto de la entrega de despachos. Estrenaba uniforme con la estrella de alférez y había dejado las cadeteras en mi camareta del edificio General Galbis.

No dejé que la señora de la limpieza me diera más explicaciones. Salí volando hacia la formación. Alcancé a escuchar a Engracia «lo han dicho en la radio». Llegué corriendo y me presenté al capitán de mi sección, Julián Ezquerro. «Mi capitán, me acabo de enterar que el Corona de Aragón está ardiendo y mi familia está dentro.» Ezquerro, aparte de ser desde hacía dos años el capitán de mi sección, era el mejor amigo entre mis superiores. Al mes siguiente fue destinado forzoso, sin que le correspondiera, a Bilbao y a los pocos días de llegar a la capital vizcaína fue asesinado por ETA. Ezquerro me dijo: «Cristóbal, vete al Estado Mayor e infórmate.»

En el Estado Mayor reinaba el nerviosismo. Mandos corrían por los pasillos y los teléfonos no paraban de sonar. «Sabemos que el hotel está ardiendo y que tu familia está dentro, pero no tenemos más información», me dijo el teniente coronel jefe de Estado Mayor. «Vuelve a la compañía y ya te informaremos.»

Sin pedir más explicaciones me cuadré y volví a la compañía. A los 21 años llevaba tres de vida militar y me habían educado a obedecer sin contemplaciones. Cuando me incorporé a la formación la voz ya se había corrido. Entre mis compañeros, que yo recuerde, estaban: Juan Vigón, Julián Peñalosa y Santiago Pérez-Soane. Ellos perderían en el holocausto padres, hermanos y tíos.

Con diez minutos de retraso comenzó el acto como si nada hubiera ocurrido. Formamos toda la Academia en el patio del Caudillo, entró la bandera, entraron las personalidades; misa, discursos. Mis ojos, como los de muchos de mis compañeros, estaban clavados en los huecos de la tribuna que deberían ocupar mis familiares.

A los seis meses de los hechos, la investigación oficial dictaminó que la destrucción del hotel Corona de Aragón fue por causas fortuitas. Oficialmente el fuego comenzó en la churrería de la cocina, en los sótanos del hotel. A mí, nada ni nadie me quitará la íntima y profunda convicción que el holocausto fue un atentado en toda regla contra mi familia y contra los altos estamentos del Ejército. Esto es una convicción personal que comparto con miembros de mi familia y con tantos más que vivieron de cerca los hechos. Como a los demás directamente relacionados con el holocausto, me indignaba el hecho de que, aun sin haber sido apagadas las llamas, el Gobierno y el Ministerio del Interior en concreto ya descartaban la tesis de un atentado. Uno de los primeros testimonios que recogí fue el del chófer de mi abuela, que se encontraba aparcado en la acera opuesta a la entrada del hotel. Según él pudo apreciar, las llamas comenzaron simultáneamente justo debajo y encima de la habitación que ocupaba mi abuela.

Desde hacía un mes estaba sobre aviso de que algo podía ocurrir en Zaragoza. La información me había llegado por dos conductos. Según un miembro de la escolta de mi familia, del Cuerpo Superior de Policía, se preparaba un atentado terrorista contra nosotros. Según la segunda sección del Estado Mayor de la Academia, encargada del servicio de información, había preparada una acción en contra de un miembro de la Academia General Militar, posiblemente un cadete. Debido a mis circunstancias personales, opinaban que la víctima podía ser yo. Debido a estas informaciones, desde hacía un mes había extremado mis medidas de seguridad personales. Evitaba dar a conocer mis planes próximos, cambiaba mis rutas y lugares de encuentro habituales e iba permanentemente armado. En un atentado, para lo único que me podía servir el arma de fuego era para que no me remataran.

La víspera de la entrega de despachos de alférez fui por la tarde al hotel Corona de Aragón a reunirme con mi familia. Habían llegado desde Madrid mi abuela, junto con su escolta personal, mis padres y mis hermanos Arancha y Jaime. También les acompañaban

«El hotel Corona de Aragón está ardiendo y tu familia está dentro» (Zaragoza, 15 de julio de 1979).

LA VANGUARDIA VIERNES 13 JULIO 1979

La catástrofe de Zaragoza

TODOS LOS MEDIOS DE SOCORRO FUERON POCOS

Completamos con estas notas gráficas nuestra información de portada sobre el trágico incendio del Hotel Corona de Aragón y los procedimientos puestos al servicio del rescate de las víctimas. Los bomberos ayudando a bajar por escaleras o grúas a las personas sitiadas por el fuego y el helicóptero dedicado al rescate de otras que se hallaban en la terraza superior nos dicen claramente que todos los medios de socorro fueron pocos. — (Fotos: EFE y AP-Europa.)

Nada ni nadie me quitará la íntima y profunda convicción que el holocausto fue un atentado en toda regla contra mi familia y contra los altos estamentos del Ejército.

Las llamas comenzaron simultáneamente justo debajo y encima de la habitación que ocupaba mi abuela.

Editora: T. I. S. A.
REDACCION Y ADMINISTRACION
Pelayo, 28 (1)
TELEFONOS
301 - 54 - 54
(20 LINEAS)
Telexs: 54.530 y 54.781

LA VANGUARDIA

PRECIO DE ESTE EJEMPLAR: [illegible] pesetas
Sobretasa aérea: 2 pesetas

Director: Horacio Sáenz Guerrero

VIERNES, 13 de julio de 1979

SUSCRIPCION

Horripilantes escenas en el incendio que destruyó el hotel «Corona de Aragón»

Muchas de las víctimas murieron de asfixia y otras al lanzarse al vacío. - La señora de Meirás y los duques de Franco entre los supervivientes. - Un nieto del general Queipo de Llano entre los muertos. - Balance provisional de la catástrofe: ochenta y tres muertos y alrededor de cien heridos. - Se descarta el atentado

Zaragoza, 12. (Especial para «La Vanguardia».) — Miles de zaragozanos de la parte alta de

con los que hemos hablado y que cola

La Granada

Secuestrado el secretario del Ayuntamiento

Cerca de las 10 de la mañana de ayer el secretario del Ayuntamiento de La Granada, en la comarca del Alt Penedès, fue secuestrado por unos desconocidos, los cuales le obligaron a subir a un automóvil con el que salieron del pueblo. El secretario, José Campana Mayor, de [illegible] años de edad, es natural de Bràfim (Tarragona) y ostentaba el cargo desde 1965, siendo, según han declarado fuentes municipales, una buena persona. Los secuestradores llamaron a las Casas Consistoriales a mediodía, en donde comunicaron que querían hablar con una amiga de Arancha, Marie, una francesa que pasaba las vacaciones de verano con mi familia, y Juan Valero, íntimo amigo mío. Yo, que estaba algo paranoico por los avisos que había recibido, quedé sorprendido al comprobar una total ausencia de seguridad en el hotel que iba a albergar, amén de mi familia, a una nutrida representación de altas jerarquías del Ejército. Al preguntarle, mi madre me dijo tranquilamente que había reservado las habitaciones a nombre de duquesa de Franco. En mi jura de la bandera mi familia había ocupado esas mismas habitaciones. No hice ningún comentario, pero me pareció una falta de precaución. Yo llevaba ya tiempo en que al reservar habitaciones utilizaba el nombre de José Martínez.

Esa noche pude olvidar mis temores en una cena familiar, en el hotel, a la cual se agregó la marquesa de Roncalli, una amiga de mi familia que vivía en Zaragoza y quien desde mi llegada a la Academia, junto a su marido e hijos, me había abierto no solamente las puertas de su casa sino también las puertas de su corazón. En esa cena tuve la sensación que yo era el niño bonito de la familia. Al recibir el despacho de alférez ya se habían despejado posibles dudas acerca de mi vocación militar. Mi abuela, cariñosamente, me llamaba «General». Ella me había regalado una moto BMW 900 con motivo de mi despacho de alférez. En todo momento yo era el nieto que no le había causado sinsabores, sólo motivos de orgullo. Los dejé distendidos y relajados para volver a la Academia. La próxima vez que los vería a todos sería muy distinto.

En el patio del Caudillo, donde estábamos formados, ya habían acabado la misa y el discurso y llegaba el momento de acercarse a la mesa para recibir el despacho de alférez. Instantes antes de llegar mi turno, vi que se situaban en la tribuna mis hermanas Mariola y Mery, y también Nani, la institutriz que estaba íntimamente ligada a nosotros. Ellas habían llegado directamente esa mañana en coche desde Madrid. Mery me hizo un gesto que jamás olvidaré. Sonriéndome, juntó el dedo índice con el pulgar. Sabía en ese momento que todo estaba bien con mi familia. Terminado el acto me informaron. «Están todos en casa de los Roncalli.»

Como un loco cogí un 131 blanco que entonces tenía y me dirigí a reunirme con ellos en el centro de Zaragoza. Pasé cerca del Corona de Aragón. La zona estaba acordonada. Todo era humo y ruido ensordecedor de las sirenas y de los helicópteros. La radio contaba ya lo de la churrería.

En casa de los Roncalli encontré a mi familia agotada y bajo shock. Casi todos llevaban ropa prestada cuando no lucían babuchas y batas. Mi hermano Jaime había recibido una buena ducha de los bomberos. A mi abuela le habían roto la ropa con las urgencias del chequeo en la clínica a donde la llevaron en ambulancia nada más salir del hotel. Ella no dejaba de decir: «Ha sido milagroso, ha sido milagroso, nada nos ha ocurrido a ninguno.» Después me enteré de cómo vivieron aquellos momentos. Cuando por fin entraron en la habitación a rescatarlos, ella y el resto de los ocupantes estaban tendidos en el suelo, donde mejor se podía respirar, pidiendo misericordia y rezando. La aparición de su escolta por la ventana para sacarlos de allí, si no lo era, tenía todo el aspecto de un milagro.

Poco a poco pude reconstruir lo que había ocurrido. Mi familia ocupaba cuatro habitaciones contiguas en el tercer piso. En una estaban tres policías de la escolta de mi abuela, en otra mi madre y mi abuela, al lado de ellas Arancha y Marie y en la cuarta estaban Jaime y Juan. Jaime y Juan se despertaron medio ahogados por el humo. Era inútil salir al pasillo, puesto que además del humo, al fallar la luz, la oscuridad era total. Mi hermano y mi amigo fueron de los últimos en salir con vida del hotel. En la humareda solamente consiguieron atraer la atención de los bomberos tirando por la ventana un cenicero y un zapato.

El primero en dar la alarma en esa tercera planta fue el policía de escolta que estaba de servicio en la puerta de la habitación de mi abuela y de mi madre. Los otros escoltas estaban desayunando en una cafetería frente al hotel. Al entrar en la habitación el escolta las encontró casi preparadas para salir a la calle. Mi abuela tenía intención de oír misa en el Pilar, a cuya virgen tiene especial devoción, antes de acudir al acto en la Academia. Arancha y Marie fueron despertadas y se juntaron con mi madre y con mi abuela pasando por una puerta que comunicaba ambas habitaciones. Arancha, con un ataque de nervios, golpeaba la pared con cabeza y puños. Los segundos y los minutos se convertían en una eternidad. Al rato, una escalera vertical de bomberos se posaba a un metro de la ventana.

Marie, la invitada, pudo salir. Fue la primera, era quien menos tenía que ver en el asunto. Al volver el bombero a la ventana se entabló un segundo de discusión. Mi abuela ordenó salir a Arancha. Arancha quería que fuera la abuela quien saliese. La cuestión fue dramáticamente zanjada al aumentar el nivel de llamas del piso de abajo y caer el bombero a tierra. Entonces los bomberos optaron por llevar la escalera a otras ventanas en la misma planta en las que el peligro era menor. Fue cuando uno de los escoltas, ante la negativa de los bomberos, sacó su arma y apuntándola a quien dirigía la escalera forzó su devolución a la habitación ocupada por mi abuela, mi madre, mi hermana y el escolta que quedaba. Esta vez fue el policía quien subió la escalera. Ahora sí salió Arancha, seguida de mi madre y por fin mi abuela pudo salir ayudada por los dos policías.

Mi padre ocupaba una habitación en la segunda planta que daba al patio y al verse atrapado logró saltar hasta alcanzar la calle. Me contó que el ocupante de la habitación vecina intentó la misma operación y se estampó contra el suelo.

En casa de los Roncalli la obsesión era salir cuanto antes de Zaragoza. Existía la certeza de que habíamos sido objeto de un atentado. Pensaba yo que el atentado había sido en parte fallido al escapar con vida mi familia. Creía que el comando terrorista podía seguir en la ciudad con intención de rematar la acción. En cuanto se serenaron algo los ánimos, se preparó la salida de Zaragoza. Viajamos en varios coches que salieron de casa de los Roncalli a intervalos y llegaron a la carretera nacional haciendo rodeos por Zaragoza. Mi abuela, mi madre y mi padre, con dos coches de escolta, fueron directamente a Madrid. Los demás nos reunimos a almorzar tarde en Medinaceli. Al llegar por fin, al atardecer, a nuestra casa de la calle Hermanos Bécquer de Madrid, lo más lejos de mi mente era que esa misma mañana había recibido el despacho de alférez del Ejército de Tierra.

Palacio de El Pardo.

CAPÍTULO II

El Pardo

El atentado en el Corona de Aragón y la precipitada salida de Zaragoza fue un ejemplo más, y hubo muchos, que, muerto mi abuelo, mucho de nuestras vidas había cambiado. Aquella dramática mañana contrastaba brutalmente con una infancia rodeada siempre de seguridad y a menudo de privilegios. ¿Qué más seguridad y privilegios podía haber que nacer como nací yo, en el ombligo de España, en el palacio de El Pardo, el diez de febrero de 1958? Era el quinto hijo y el segundo varón y, al igual que mis hermanos, vine al mundo en la residencia habitual de mi abuelo, Jefe del Estado y Caudillo de España por la gracia de Dios.

La única persona que verdaderamente luchó para que yo y los demás «nietos» no perdiéramos el sentido de la realidad fue una inglesa, Beryl Hibbs, Nani. Fue Nani quien nos decía con insistencia «recordad que todo esto que tenéis, vivir en El Pardo, disfrutar del monte, tener los caballos, los criados, chófer a la puerta, es porque vuestro abuelo es Jefe del Estado. Cuando él falte todo cambiará». De todo ello lo que más valoro es haber disfrutado de una infancia en contacto directo y permanente con la naturaleza. Es mi intención que mis posibles futuros hijos gocen de este privilegio. Nani entró en casa recién nacido mi hermano Francis y en ella delegaron mis padres la educación de sus hijos. Y respecto a nuestra educación, la voz cantante en casa, por mucho palacio de El Pardo que fuera nuestra casa, la llevaba la institutriz inglesa. Nani logró una ascendencia en nuestra niñez y la mantiene siendo nosotros ya mayores, sencillamente porque se nos entregó completamente. Nani ha sido la persona mayor que más cariño me ha dado.

Sin embargo, su lucha por hacer de la nuestra una infancia normal no fue fácil. La mayor parte de nuestra infancia la pasamos en El Pardo. Repartíamos los veranos entre el Pazo de Meirás y Ayete, San Sebastián. Transcurrió mi infancia cerca de mis abuelos y rodeado de vida oficial.

El súmmum de privilegio era tener una cabalgata particular la noche víspera de Reyes. Miembros de la casa militar se disfrazaban de Melchor, Gaspar y Baltasar con sus respectivos pajes y acompañantes. Recorrían en cabalgata el pueblo de El Pardo y luego nos repartían a los nietos regalos. Los regalos eran buenos, cajas de soldados, una tienda de campaña, una bicicleta... Esta parada militar tuvo como consecuencia, no deseada por supuesto, acabar con el gran sueño de la infancia. Un año reconocí al paje del rey Baltasar, con quien había estado hablando el día anterior mientras montaba guardia en la puerta del jardín del palacio. Comenté mi descubrimiento a mi hermana Mery quien, a fuerza de preguntar, consiguió deshacer el mito.

Mis padres nos hacían sus regalos en El Pardo el día de Navidad, junto al árbol, al estilo europeo. Mis abuelos mantenían la costumbre de regalar el día de Reyes. Lo que no solíamos recibir eran los regalos hechos por alguna gente con el fin de estar a bien con el régimen. Al morir mi abuelo y trasladarse mi abuela a Hermanos Bécquer, descubrí, en una habitación de El Pardo que hacía de almacén, regalos que nos habían enviado y que jamás recibimos. Supongo que Nani, que pensaba que ya nos sobraban juguetes, los iba apartando. Desde pequeño soy aficionado a las motos y durante cuatro años ahorré cuanto pude hasta comprarme un ciclomotor minimini Montesa. En el almacén descubrí tres ciclomotores similares y de fabricación anterior. Esto pudo ser debido a la aprensión que mi padre sentía respecto a las motos. Un buen amigo suyo había muerto en accidente conduciendo una.

Desde muy pequeño compartía habitación con Francis y con Mery. Francis se autotituló general y designó a Mery cabo y a mí soldado raso. En ocasiones, dependiendo de los favores que le hiciéramos, variaba el orden jerárquico, pero manteniendo él la primacía del mando. El juego llegó a aburrirme bastante. Después Francis consiguió habitación propia. Él hacía más y más vida con mi abuelo, a quien acompañaba a todas las cacerías. Yo seguía con Mery, que estaba en plena fase mística, convencida que tenía vocación de teresiana. De noche me hacía rezar el rosario y me despertaba con más novenas cuando estaba dormido.

Mery era la amiga de mi infancia. Siempre mucho más loca que yo, más atrevida, más echada para delante. El criarse en un gran palacio rodeado de criados y de soldados implicaba soledad. Me acostumbré a ella y ha llegado a ser un punto que caracteriza, en parte, mi vida. A nuestras fiestas de cumpleaños venían centenares de niños

El autor en diversos momentos de su infancia.

que ni sabíamos quiénes eran. Tuve la suerte de ser el quinto de la familia y, por lo tanto, empecé a ir al colegio a los cuatro años y medio. Mi hermana Carmen estuvo hasta ingreso y Mariola hasta elemental recibiendo clases particulares en El Pardo, donde se había habilitado un salón con pizarra, pupitres y mapa de España. Mi padre en un principio quería que ese régimen siguiera, pero después decidió con mi madre que fueran a un colegio como cualquier otra niña de su edad.

Al igual que mi hermano Francis fui al colegio de El Pilar. En el Santa María del Pilar del Niño Jesús, escuché numerosas veces lo que podría ser un lema: «Si lleváis un régimen de estudios llegaréis a ser ministros.» De hecho muchos antiguos alumnos lo eran y más lo serían. El otro lema que recuerdo era «quien bien te quiere te hará trabajar». Fue cumplidos ya los catorce años, estando en El Pilar, que conseguí eludir a mi escolta, eludir también a los maestros y viajar por primera vez en mi vida en Metro. Iba con dos amigos a visitar a un tercero de la clase, que estaba enfermo. A mi abuelo le quedaban entonces tres años de vida y para mí viajar en Metro fue toda una hazaña.

Fue una clásica contestación impertinente de un niño de cinco años. Nani, que solamente chapurreaba el castellano, nos hablaba siempre en inglés. Yo tenía por costumbre contestarle en castellano y ella me reprendía por ello. Llegó el momento en que le dije: «Si mi abuelo, que es el que más manda en España, no habla el inglés, ¿por qué lo tengo que aprender yo?» La contestación de Nani fue de antología. «Si tu abuelo hubiera podido también hablaría inglés, pero es que además lo entiende.» Nani es una convencida de que mi abuelo tenía cierto conocimiento del inglés y lo entendía, aunque siempre usó intérprete y yo jamás le oí hablarlo.

La impertinencia demostraba como yo y los demás, en esos primeros catorce años de vida continua en El Pardo, estábamos conscientes desde siempre, que él, mi abuelo, era el jefe. La regla de oro en El Pardo era sencillamente que a mi abuelo no se le podían dar disgustos. Esto lo asumía yo, como mis hermanos, al nacer. No era ni siquiera necesario decirlo, lo podía perfectamente intuir un niño. Él no tenía que imponer respeto porque estaba rodeado por una aureola de respeto. Solamente una vez le vi enfadado. Fue en una cacería celebrada en la provincia de Madrid. Entre otros muchos estaba un invitado de mi padre que normalmente no formaba parte del grupo de cazadores habituales. Era un señor de negocios muy pelmazo. Durante la comida en el campo intentó en varias ocasio-

Al recibir el despacho de alférez ya se habían despejado posibles dudas acerca de mi vocación militar. Mi abuela cariñosamente me llamaba «General».

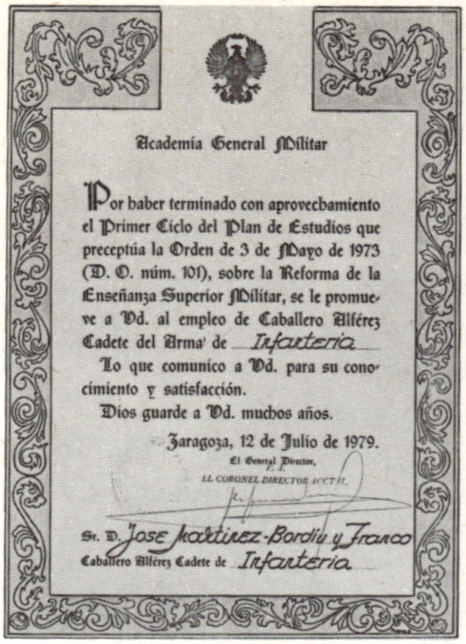

Academia General Militar

Por haber terminado con aprovechamiento el Primer Ciclo del Plan de Estudios que preceptúa la Orden de 3 de Mayo de 1973 (D. O. núm. 101), sobre la Reforma de la Enseñanza Superior Militar, se le promueve a Vd. al empleo de Caballero Alférez Cadete del Arma de Infantería

Lo que comunico a Vd. para su conocimiento y satisfacción.

Dios guarde a Vd. muchos años.

Zaragoza, 12 de Julio de 1979.

El General Director,

EL CORONEL DIRECTOR ACCT

Sr. D. Jose Martínez-Bordiu y Franco

Caballero Alférez Cadete de Infantería

Foto retrospectiva: el autor con su abuela doña Carmen Polo.

De izquierda a derecha, Mariola, Francis, el autor, el marqués de Villaverde, Carmen y Nani.

Nani, la institutriz íntimamente ligada a nosotros.

Doña Marta de Moragas reparte la merienda a los niños Martínez-Bordiu Franco, a quienes acompaña Nani, en la fiesta del Tenis Barcelona.

nes sacar a relucir una conversación que, por su tema, ni venía a cuento ni parecía gustar al abuelo sino más bien lo contrario. Intuí que se trataba de un negocio que dependía de una decisión política. El hombre borde y atrevido quería sacar a mi abuelo alguna información confidencial.

Por fin el abuelo, que había intentado ignorar estos ataques, le miró a los ojos y dijo secamente: «He venido aquí a cazar, pida usted una audiencia.» Como era su costumbre, hablaba pausadamente y sin levantar la voz. Al abuelo jamás le gustaron los gritones. Pero había algo en su tono, además de su mirada, que dejó profundamente impresionado al hombre de negocios y a todos los demás comensales. Por primera vez sentí miedo del abuelo.

Cuando era pequeño el abuelo me solía llamar viejo tocón. Lo segundo lo comprendía, o creía comprenderlo, puesto que desde muy niño me ha gustado tocar los objetos que han llamado mi atención. Hoy en día lo sigo haciendo, pues el tacto permite una compenetración con el objeto y una contemplación más intensa. Lo que no entendía era lo de viejo, pero siempre que le interrogaba acerca del porqué del adjetivo se limitaba a sonreír mirándome a los ojos.

Mi abuelo intimaba poco, pero tenía su círculo de íntimos. Recuerdo dos en particular: Max Borrell y Andrés Zala. Borrell era por definición el hombre de campo, de caza y de pesca y el compañero infatigable de mi abuelo en sus largas jornadas cinegéticas. Fue Borrell quien repobló de caza el monte de El Pardo. Al igual que mi abuelo, Borrell era un hombre más bien parco en palabras. Los dos se podían pasar hora tras hora en silencio y en compenetración total. Zala, por el contrario, era más bien ocurrente, gracioso y campechano, amante de la buena mesa y del buen vino. Los dos fueron los grandes amigos civiles de mi abuelo y compartían los veranos con nosotros en el *Azor*.

Entre los amigos militares destacaban sobre todo dos: Pedro Nieto Antúnez y Camilo Alonso Vega. Nieto Antúnez para la familia era siempre Pedrolo, era amigo de mi abuelo desde la infancia de ambos en El Ferrol. Representaba la más total lealtad y parecía que no pedía más que poder servir al abuelo y estar cerca de él. Dudo que jamás hubiera pedido a mi abuelo ser ministro de Marina. Alonso Vega representaba también muchísimos años de recuerdos compartidos. El primero era fijo en las partidas de mus y ambos, los sábados y domingos por la tarde, acompañados por sus esposas, solían acudir al cine del palacio de El Pardo.

En el cine, no demasiado cómodo, podían caber unas veinte o treinta personas, sentadas en dos filas. La primera fila, donde se sentaban mis abuelos, estaba formada por butacas antiguas. La más dura era, por propio gusto, la que ocupaba el abuelo. La segunda era un sillón corrido. Las películas contratadas eran generalmente de estreno, pero ocasionalmente había algunas anticipadas. Los nietos podíamos asistir, junto con los abuelos, si las películas eran toleradas. Si no lo eran las veíamos igual, viendo el pase desde el anfiteatro junto con el personal de servicio del palacio. La verdad es que jamás pude ver una escena fuerte. Éstas estaban vetadas, imagino, para no herir la sensibilidad de la abuela.

Mucho menos frecuente en las sesiones de cine de fin de semana fue la presencia de los dos presidentes de Gobierno que tuvo el régimen: el almirante Luis Carrero Blanco y Carlos Arias Navarro. A la mujer del segundo, Luz del Valle, la vi a menudo por El Pardo en los tiempos en que su marido fue presidente. Arias reducía su presencia en El Pardo a los despachos oficiales con el abuelo, pero cuando hubo ocasión de cruzarse con nosotros, los nietos, siempre estuvo simpático y agradable.

Carrero fue muy distinto en su trato con nosotros. No debía ser muy amante de los niños, y al verle, a mí por lo menos, se me producía más bien una sensación de inseguridad y de miedo. Cuando le asesinó ETA, una mañana fría y gris de diciembre de 1973, nos vinieron a sacar de clase los escoltas. En el coche, y enfilando hacia El Pardo, se nos dijo escuetamente que el almirante había muerto en un atentado. Ni Francis ni yo pedimos más explicaciones. Al llegar al Pardo se le notaba sumamente afectado al abuelo.

Pasados los funerales y el movimiento político que desembocó en el nombramiento de Arias, la rutina del palacio se impuso de nuevo. Ni en las tertulias, las comidas, las excursiones de verano y las cacerías se le echaba muy en falta a Carrero, pues su relación con el abuelo era principalmente de trabajo.

Capilla ardiente de Franco en el Palacio Real.

CAPÍTULO III

20-N: la vuelta de la moneda

Siempre he pensado que mi madre se parece bastante a mi abuelo. Al igual que él raramente exterioriza sus sentimientos. Aquella mañana, a mediados de octubre, cuando llegué a El Pardo, se había alterado la serenidad constante de mi madre. «Es posible que de ésta no salga», me dijo nada más verla. Se refería a mi abuelo. Esa mañana nos habían avisado que había sufrido dos ataques cardíacos durante la noche.

Mi padre, que iba poco por El Pardo por esa época, y rarísima vez por la mañana, estaba ahí. El corazón era su especialidad, de lo que él entendía. Junto con el doctor Vicente Pozuelo, mi padre desplegaba una gran actividad, organizando la habitación de mi abuelo, llamando a especialistas, preparando el equipo médico. Mi padre estaría pendiente de mi abuelo hasta el final.

De quien estábamos todos pendientes aquella primera mañana, incluso quizá más que de mi abuelo, era de mi abuela. El gran temor era que ella no aguantaría lo que se venía encima. Mi abuelo siempre había gozado de una legendaria buena salud, pero a mi abuela, hacía unos años, se le habían detectado algunos pequeños fallos y problemas cardíacos. Era cuestión de rodearla de cariño y de afecto. Estaba enormemente preocupada, casi ausente, y supe que había pasado varias horas en la capilla.

Al llegar al Pardo no vi de inmediato a mi abuelo. Mi padre y el doctor Pozuelo habían recomendado reposo absoluto. Él en cambio se encerró en su despacho, donde sirvieron el almuerzo, diciendo: «Tengo que despachar antes con Arias y con el Príncipe.» A lo largo de ese mediodía vio al entonces presidente del Gobierno, Carlos Arias Navarro, y al futuro Rey de España, don Juan Carlos. Para mí, tenía el presentimiento de que aquélla sería su última jornada de trabajo.

Cuando le vi por fin al caer la tarde, estaba reposando en su habitación. Estaba ya entonces rodeado de tubos y de aparatos y ésa sería su imagen a lo largo de las seis semanas siguientes. Mi madre tuvo mejor ojo clínico. Yo, recordando como mi abuelo se había recuperado de la tromboflebitis el año anterior, pensaba que de ésta podía salir.

No quisiera con esto dejar entender que yo no estaba preparado para la muerte de mi abuelo. A lo largo de aquel año me había planteado, con frecuencia, la posibilidad de su muerte. Sobre todo me lo planteaba en las misas del domingo en El Pardo, a las cuales acudíamos con él y con mi abuela toda la familia. La reflexión que me hacía no era, sin embargo, su muerte en sí, sino lo que su muerte significaría para nosotros. Él nos unía a todos. Intuía que al faltar él la dispersión de la familia sería el acto seguido. Cuando comenzaron las hemorragias ya sabía que lo inevitable venía y pronto.

La espera de la muerte, la primera parte en El Pardo y el acto final en La Paz, fue un maratón de tensión y de angustia. Nos reuníamos toda la familia en El Pardo, en el llamado salón amarillo, una sala que funcionaba de antecomedor donde mi abuela recibía muchas de sus visitas. La sala derivaba su nombre de su tapicería amarillenta. A veces aparecían por ahí los amigos íntimos, sobre todo Pedrolo Nieto Antúnez y su mujer Emilia. La abuela pasaba muchas horas en la capilla del palacio y en el salón amarillo rezábamos todos juntos con frecuencia.

Aquella mañana de octubre, aquellos dos paros cardíacos de anteanoche, cambió todo. Nada sería igual a partir de entonces. Yo tenía diecisiete años y había comenzado, ese mes de octubre, una vida nueva de universitario. Me había matriculado en arquitectura. Al ir a la facultad me había, en cierto modo, emancipado.

Habrá distintos modos de medir el sentido de libertad y de emancipación. En mi caso particular era muy fácil medir la emancipación. Era algo tan sencillo como mi modo de locomoción. Pasé de viajar al colegio en coche oficial a ir a la facultad en mi moto, una Montesa de trial.

El coche oficial junto con el chófer y el escolta de la casa militar de mi abuelo, era sinónimo de ser «nieto». En un principio estos coches, por lo normal Seat 1 500 bastante antiguos, llevaban la matrícula ET del Ejército de Tierra. Luego ocurrió que en un follón universitario de los sesenta el coche oficial en el cual viajaba Fernando Fuertes de Villavicencio, con matrícula ET a la vista de todos, fue apedreado en la zona Princesa-Moncloa. A partir de entonces los coches del Parque Móvil del palacio de El Pardo llevaban la matrícula de Madrid, y cambiaba el uniforme de la casa militar por vestimenta de paisano. La verdad es que esto disimulaba poco al seguir siendo los coches los 1 500 de siempre, negros y con cortinillas en las ventanas de atrás.

Mis hermanos Francis, que entonces estudiaba medicina, Mariola, que estaba en cuarto de arquitectura, y Mery, que estudiaba restauración, ya habían ganado la batalla de deshacerse del coche oficial al ir a la facultad.

Yo con mi moto di un paso más al poder con frecuencia deshacerme del coche de escolta que siempre los seguía a ellos. Mi policía de seguridad tenía como orden, y también como norma, no apartarse más de un metro y medio de mí, al igual que hacían los escoltas con todos mis hermanos. A principios de ese curso del setenta y cinco, cuando empezaba yo una nueva vida, conseguí llegar a un acuerdo con estos escoltas a los cuales conocía desde pequeño. Ellos fueron los primeros en comprender que tampoco me podían seguir cuando salía por bares y por discotecas. El acuerdo fue sencillo. Yo decía en casa que no salía en toda la tarde. Por supuesto salía y les decía a los escoltas que si pasase algo estaba en tal sitio. Yo me comprometía a dar la cara por ellos. Y ellos a su vez levantaban su cerco de seguridad.

No tenía dudas en comenzar arquitectura. En esto quizá me influyese bastante Mariola, que ya estudiaba la carrera. Ella era, y es, una persona bastante introvertida, tranquila y seria, un poco como yo era entonces. Desde siempre se me había dado bastante bien el dibujo y a partir de sexto de bachillerato comencé a ir a una escuela especial para perfeccionar mi afición. Otra influencia al escoger esta carrera fue la de mi padrino, José Serrano Suñer, hijo de Ramón Serrano Suñer, cuñado de mis abuelos y por lo tanto tío mío. José, que entonces no tenía hijos, me trataba como si lo fuese. Me llevaba con frecuencia a cazar con él y mi mayor ilusión era estudiar arquitectura para así poder algún día trabajar con él en su estudio de arquitecto.

José había sido compañero y amigo de infancia de mi madre durante la época en que su padre ejercía un importante poder político. Esta amistad continuó a pesar del posterior distanciamiento entre el abuelo y Ramón Serrano Suñer. A éste yo nunca le vi durante mis años en El Pardo.

La verdad es que la familia, como tal, se reducía a los abuelos, mis padres y nosotros, los nietos. Pilar, la única hermana del abuelo y conocida entre nosotros como la tía Pila, no era asidua al palacio. En alguna ocasión la recuerdo almorzando acompañada por alguna de sus hijas. La tía Pila y una de las hijas, Pilar Jaraiz, han escrito sobre nosotros. La tía, sobre todo, se convirtió por decisión propia en algo así como el portavoz oficial de la familia. Siempre ha sido muy espontánea y dada a la conversación, por lo que no me extraña que se haya dedicado a publicar sus ocurrencias.

Mucho menos conocíamos al hermano del abuelo, Nicolás Franco. No recuerdo haberle visto nunca en El Pardo como miembro del círculo familiar. Habré coincidido con él y con su hijo Nicolás Franco Pasqual de Pobil en bodas o en cacerías de terceros.

Sí hubo un familiar del abuelo que tuvo acceso directo y continuado con él. Su primo hermano Francisco Franco Salgado-Araujo estuvo al mando de la Casa Militar durante los años cincuenta, y luego pasó a encargarse de la secretaría militar del abuelo. Cuando publicó póstumamente en 1976 *Mis conversaciones privadas con Franco* hubo comentarios para todos los gustos en la familia.

Al comenzar mi vida de universitario estrenaba también lo que se podría llamar mi primer amor.

Ella era dos años mayor que yo. Era guapa, morena, bien dotada de cuerpo, se pintaba mucho y le gustaban los escotes provocativos. Junto con otras seis chicas ella estudió el año de COU en El Pilar. Con ella tuve a partir de mitad de curso mis escarceos sexuales. Comenzaron cuando, en clase de inglés, se apagaban las luces y nos ponían películas.

La prometedora relación, que aguantó el verano, se esfumó al ponerse enfermo mi abuelo. La planté aquel día que fui al Pardo después de saber que mi abuelo había sufrido los ataques cardíacos. Durante las semanas siguientes me olvidé por completo de ella. Años más tarde la volví a ver en la calle de Serrano, de Madrid, acompañada por quien supongo que era su marido y un niño pequeño, el hijo de ambos. Ella o no me reconoció o no quiso reconocerme. Yo no hice ademán de acercarme.

Comencé, pues, mi carrera universitaria con moto de trial y con novia precoz. En cierto modo también conseguí algo de anonimato. En arquitectura no pasaban lista en clase y pocos sabían quién era. El pase a la facultad significaba para mí el salir del coto cerrado de El Pardo y del círculo de «niños bien» de El Pilar. En el fondo fue la primera vez que me encontré en un ambiente antifranquista.

Sabía evidentemente que existía en el país tal ambiente, sobre todo en la universidad. Mis hermanos Francis y Mariola, ya universitarios, me lo habían contado. Ellos eran mis principales fuentes de información en este tema.

El ambiente estaba ciertamente crispado. El verano había sido sangriento y culminó con la ley antiterrorista del gobierno Arias. En septiembre se aplicó la ley, celebrándose juicios sumarísimos y

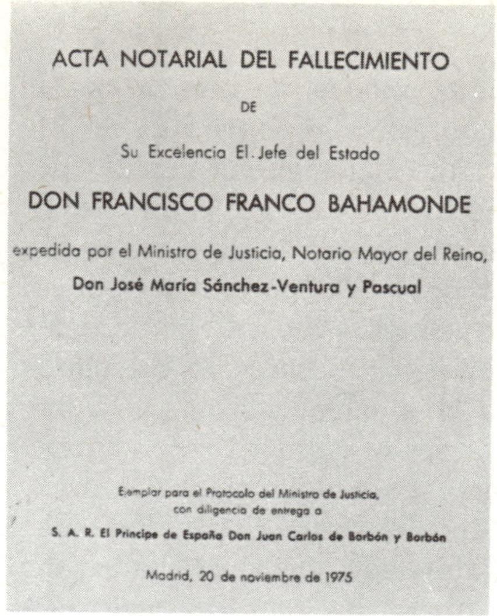
ACTA NOTARIAL DEL FALLECIMIENTO

DE

Su Excelencia El Jefe del Estado

DON FRANCISCO FRANCO BAHAMONDE

expedida por el Ministro de Justicia, Notario Mayor del Reino,

Don José María Sánchez-Ventura y Pascual

Ejemplar para el Protocolo del Ministro de Justicia,
con diligencia de entrega a

S. A. R. El Príncipe de España Don Juan Carlos de Borbón y Borbón

Madrid, 20 de noviembre de 1975

Muerto mi abuelo, mucho de nuestras vidas había cambiado.

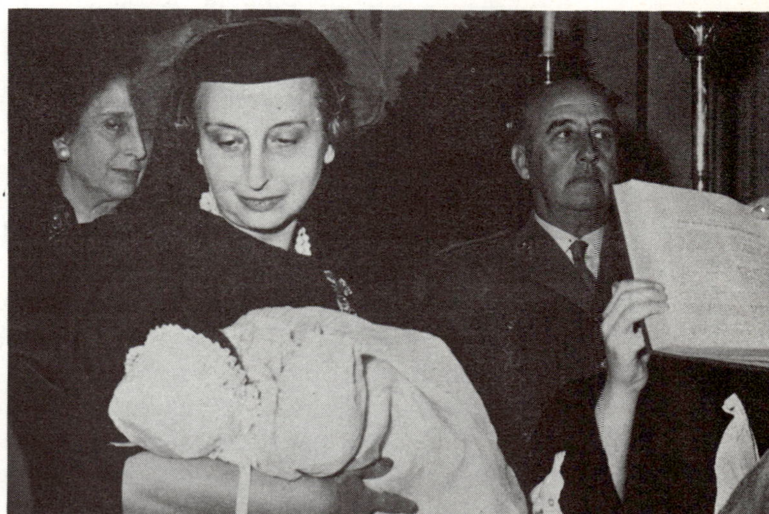

¿Qué más seguridad y privilegios podía haber que nacer como nací yo, en el ombligo de España, en el palacio de El Pardo, el diez de febrero de 1958? (El autor, en brazos de su madrina Isabel Polo de Guezala, el día de su bautizo.)

Nani ha sido la persona que más cariño me ha dado. (En la foto, de izquierda a derecha, Mery, Francis, Mariola, el autor, Carmen y Arancha en brazos de Nani.)

posteriores ejecuciones. La última aparición pública de mi abuelo fue en la manifestación convocada en la plaza de Oriente para rechazar las críticas al régimen venidas del exterior. Yo ya entonces pasaba de política. El día de la manifestación no estaba en Madrid. En aquellos primeros días de curso evitaba situaciones comprometidas y me alejaba de todo lo que podía ser crítica del régimen.

Aquellos primeros días de octubre almorzaba, casi a diario, en El Pardo. Al ponerse enfermo mi abuelo me trasladé, como mis hermanos, a vivir en el palacio. Yo volví a mi antigua habitación, sólo que esta vez la compartía con Francis y no con Mery. A Mery le tocó la habitación llamada La Perona, una habitación decorada en dorado, en plan ostentoso, y llamada así porque la ocupó Eva Perón. La habitación tenía un cuadro del dieciocho de una pareja que no te quitaba los ojos de encima. A mi padre le habilitaron una habitación que últimamente venía siendo utilizada por Carmen y Alfonso. En tiempos había sido la *suite* de mis padres cuando nacimos. Mi madre se instaló permanentemente en una habitación pegada a la de mis abuelos.

En esta nueva época de la enfermedad, prácticamente dejé de ir a la facultad. En las pocas veces que fui me encontré con carteles que decían «ya era hora de que muriera el dictador». Había un círculo permanente alrededor de este cartel, como montando guardia, y alrededor de otros de parecido estilo. Hubo alguno que intentó arrancar los carteles y recibió una buena paliza. Yo no tenía ánimos de meterme en líos y además jamás he tenido vocación de mártir.

Mi madre me preguntó por qué faltaba tanto a clase. Yo expliqué algo del ambiente en la facultad. Dije que era insoportable y que me indignaba. Mi madre no me contestó, se dio media vuelta y dejó el tema. La contra se podía apreciar en la multitud de cartas que se recibían en El Pardo. Gentes incluso ofrecían partes de su cuerpo por si podían servir de algo a mi abuelo.

Poco podían hacer tales alientos, ya que los ánimos se desmoronaban a borbotones igual que las hemorragias. El final se deslizaba a partir de la primera intervención quirúrgica llevada a cabo con prisas en un quirófano de circunstancias, que fue montado en una sala de la casa militar.

No quisiera tener una muerte como la de mi abuelo. Normalmente entraba una vez al día en su habitación y estaba unos minutos cerca de él. Sabía, como supimos todos, lo que sufría. Llegado ese momento de ancianidad y de desgaste, dejaré escrito a mis herederos que no me dejen nunca sufrir como sufrió él.

Con mi madre la procesión iba por dentro. Pero sí hubo un momento al menos, que recuerde, en que perdió su entereza, cosa rara en ella. Con lágrimas en los ojos increpó a los médicos, mi padre incluido: «¿Por qué no le dejáis morir en paz?»

Al ser trasladado mi abuelo a La Paz se rompió la intimidad que se había creado en torno a él y a la abuela en El Pardo. Para verle ahora tenías que ponerte pantuflas, batín y mascarilla. Cuando entraba a verle en su habitación casi siempre sus ojos estaban cerrados. Le cogía la mano y alguna vez él me la apretaba. Algunos de entre nosotros decíamos cosas como «Tienes mejor cara hoy», «De ésta vas a salir, ya verás», pero era difícil decir tales cosas.

Antes de llegar a su habitación había que pasar por una zona de pasillos, al lado del ascensor, que hacía de antesala. Ahí siempre estaba Pedrolo Nieto Antúnez, junto con una veintena de personas más, muchos de ellos gentes ligadas políticamente a mi abuelo, entre los cuales recuerdo a José Antonio Girón de Velasco. Antes de entrar en el edificio había que pasar por un muro de fotógrafos, llegados de todo el mundo, que esperaban la imagen de la muerte. Mi madre y mi abuela, que seguían viviendo en El Pardo, conseguían evitar a los gráficos en sus visitas de mañana y tarde al utilizar la entrada de ambulancias.

Posteriormente supe que mi madre, durante todo este período, llevaba en su bolso el testamento del abuelo. Se lo daría a Carlos Arias Navarro nada más morir él. El abuelo lo había redactado durante aquella última jornada de trabajo en su despacho, la mañana después de los ataques cardíacos. A los pocos días, cuando todavía estaba lúcido, llamó a mi madre y le pidió que se lo leyera. Él lo había escrito de su puño y letra y al leérselo mi madre hizo algunas correcciones y matizaciones que ella anotó sobre el papel.

Recuerdo una matización curiosa. Él al redactar el testamento había pedido a los españoles que prestasen al Rey el apoyo y la lealtad de las cuales él había gozado. Al releerle el texto mi madre, el abuelo pidió que a continuación de «Rey» ella incluyese Juan Carlos I. Por mucha Ley de Sucesión que hubiera, el abuelo lo quería dejar todo «atado y bien atado» hasta el último detalle.

Los nietos nos habíamos trasladado al piso de Hermanos Bécquer al pasar mi abuelo a La Paz. Ahí en la clínica prácticamente vivía mi padre, mientras que mi madre seguía en El Pardo junto a la abuela. El 20 de noviembre todos nos volvimos a trasladar al Pardo. Ahí, en la capilla del palacio, hicimos el velatorio íntimo y familiar.

La abuela, con los ojos permanentemente llorosos, aceptaba la compañía de sus nietos pero prácticamente no hablaba. El matrimonio de mis abuelos fue de aquellos que se puede decir que son perfectos. Juntos era la armonía, la identificación mutua, la complementariedad, la fidelidad y la unión más absoluta.

Mi madre mostró una gran entereza, pero sus hijos sabíamos que estaba completamente destrozada. Siempre había acudido a su padre, al abuelo, a lo largo de toda su vida. Ahora se tenía que enfrentar a la vida sola.

Al poco rato llegaron al velatorio don Juan Carlos y doña Sofía, Entonces todavía los príncipes. Don Juan Carlos le dijo a mi abuela que mi abuelo y ella habían sido «como padres» con él. Le decía a mi abuela que no tuviese prisas en salir de El Pardo, que no se preocupase, que se quedase en el palacio todo el tiempo que quisiera.

Don Juan Carlos estuvo sumamente cariñoso. A mi abuela llegó a ofrecerle una de las fincas que hay en el monte de El Pardo para que pudiese seguir disfrutando de él. En el monte, que es propiedad del Patrimonio Nacional, pero está al servicio del Jefe del Estado, hay varias pequeñas fincas y casas que se arrendan. A todos nos dijo don Juan Carlos que podíamos seguir utilizando el monte, entrando y saliendo cuando quisiéramos.

Los príncipes, desde hacía años, pasaban casi un mes con nosotros, de mediados de julio a mediados de agosto, en El Pazo de Meirás. Nosotros, los nietos, les tratábamos con protocolo. Les llamábamos Señor y Señora, les dejábamos siempre pasar por delante, no hablábamos fuera de turno, y nos levantábamos al entrar ellos en una habitación. Si faltábamos al protocolo Nani o mi madre nos lo recordaban. Era a veces fácil-faltarlo a don Juan Carlos por su carácter abierto y campechano. Con la princesa era más fácil llevarlo.

Pasado el velatorio familiar, acompañé al féretro al palacio de Oriente. Viajaba en el coche de respeto. El chófer, miembro de la escolta personal del abuelo, tenía los ojos tan empañados de lágrimas que se iba de la carretera, teniendo yo que sujetar el volante en más de una ocasión. Me impresionaron las largas colas que se formaron ante su cadáver.

Luego, en el Valle de los Caídos, luciendo un chaqué prestado que me estaba pequeño, llevé el féretro junto con mi hermano Francis y los ayudantes hasta la entrada de la basílica, donde hizo el relevo la escolta personal.

A lo largo de la interminable ceremonia del funeral yo mantenía una conversación, imaginada o recreada como se quiera llamarla, con mi abuelo. Él era lo que más admiraba y desde entonces nadie ha suplantado al abuelo en el pedestal donde yo le había puesto. En

Transcurrió mi infancia cerca de mis abuelos y rodeado de vida oficial. (En las fotos, recibiendo por primera vez la Eucaristía, con sus abuelos, hermanos, diversos ministros —Alonso Vega, Cánovas, Solís, Carrero—, tras el accidente de caza sufrido por Franco, y con su hermana Mery imponiendo medallas de un acto juvenil celebrado en San Juan de Dios.)

mi conversación le contaba las divergencias y discusiones en el seno de la familia. Entre otras estaba la de salir de España o quedarse. Para mí salir de España era imposible. Nací en España, en España estaban mis raíces, mis amigos y mi vida.

En la conversación pasaba revista a lo que era en ese momento mi vida. Había pasado ya la etapa de colegial y comenzaba mi vida universitaria. Sabía mejor que nadie que el ambiente universitario indudablemente no era el mío ni me era propio. Intuía ya que todo el odio que se podía tener al abuelo se extendía ahora, en revancha, estando él ya muerto, a la familia.

Prácticamente nada más morirse él empezaba a notar como gente que de siempre había mostrado amor y respeto a mi familia se alejaban. Intentaban mojarse menos, verse menos con nosotros. No era una desbandada generalizada, porque se guardaban las formas, pero se notaba.

Posteriormente me fijaría en los auténticos aduladores de una época que ahora se congratulaban de que el régimen hubiera acabado, olvidando que ellos en su momento pusieron todo su entusiasmo y ambición en trepar por los andamios hasta las alturas de ese mismo régimen. Con frecuencia eran precisamente los más aduladores, aunque por supuesto no todos, quienes más marcaban distancia.

Mis padres jamás nos reunieron a nosotros, sus hijos, para explicarnos que todo era distinto, cambiando impresiones con nosotros. Tampoco hacía falta. Lo teníamos, al menos lo tenía yo, muy claro: ahora todo sería muy diferente.

Un hito en este cambio particular y familiar fue la pérdida de acceso al monte de El Pardo, a pesar de lo que se nos dio a entender durante el velatorio. Aquellas veinte mil hectáreas de coto cerrado, que se extienden hacia la Sierra, las conocía mejor que ningún guarda. La naturaleza siempre me ha hecho sentirme bien y el monte de El Pardo era mi mejor aliado en momentos de depresión. Ahí, en el monte, es donde mejor me he sentido.

A los dos meses de morir mi abuelo iba al monte con dos amigos a pescar lucios. El guarda me dijo que sólo me podía acompañar uno. Era el primer veto. Más tarde me dijeron que solamente podía entrar yo solo, al igual que cualquiera de mis hermanos. Fue entonces cuando dije adiós al monte de El Pardo. Me di cuenta que lo mejor que podía hacer era ver el monte como la etapa más feliz de mi infancia, de mi niñez y de mi adolescencia.

Ese triste adiós tenía también su prurito de irritación. El jefe del Patrimonio Nacional, y por lo tanto del monte de El Pardo, seguía siendo Fernando Fuertes de Villavicencio. Fuertes entró en El Pardo recién instalados en el palacio los abuelos. Con los años escaló puestos en la Casa Civil hasta alcanzar los altos peldaños del Patrimonio. Por ello me extrañaron aún más los vetos que se nos impusieron.

Para entonces ya había comenzado la crítica pública, dura e implacable a la figura de mi abuelo. Lo que más dolió fue comprobar que la libertad de prensa se entendía principalmente como la posibilidad de destruir la figura de mi abuelo y todo lo que él representaba.

Es verdad que no estábamos acostumbrados, como familia, a la crítica. Todo lo contrario. Lo nuestro era la adulación, pero no es menos verdad que la adulación llevaba su contrapartida. Los privilegios conllevaban una serie de obligaciones. Estábamos los nietos sometidos, en cierto modo, a la moral victoriana que podía representar Nani. Según ella teníamos que «*Do what is expected*», es decir, comportarnos de una manera muy determinada, siguiendo las pautas que marcaba la sociedad con nosotros por nuestra propia situación privilegiada.

Para mí es evidente que estas obligaciones, estas actitudes que eran *expected*, creaban una represión interna. Estábamos cada uno haciendo un papel designado, no el de uno propio. Por lo tanto, al morir mi abuelo y comenzar las críticas se rompió ese círculo de adulación, privilegios, obligaciones y represión. Podrá parecer que muerto mi abuelo sus nietos comenzaron la estampida, saliendo, prácticamente todos, desbocados y a su aire.

Carmen, tanto como Francis, sufrió más que ninguno de nosotros las influencias, por no decir coartadas, de ser nieto. Fue una víctima evidente de sus circunstancias.

Yo en aquel momento tenía menos problemas. En enero volví a la Facultad de Arquitectura con un planteamiento bastante claro de lo que sería ese curso. Primero en arquitectura es la escabechina y yo decidí hacerlo en dos años. Me dedicaría al análisis de formas, al técnico y al álgebra dejando para el año siguiente física y cálculo. Sabía que aprobar el primer curso en un año era muy difícil y decidí afrontarlo en dos años.

En pleno proyecto de seguir con la carrera, irrumpirían los sueños. Tuve un sueño que se repetiría a lo largo de un mes. Estaba en uniforme de teniente y escribiendo.

El primer sueño de estos que tuve fue después de acostarme a las cuatro de la mañana, tras una noche de copas. No entendía nada. Al repetirse el sueño en numerosas ocasiones, por fin tomé la decisión. Decidí ingresar en el Ejército.

José Cristóbal Martínez-Bordiu Franco, aspirante en el campamento selectivo de Toro.

CAPÍTULO IV

Estrenando uniforme

El máximo condicionante en mi decisión de ingresar en el Ejército fue la admiración que siempre he sentido y siento por mi abuelo. Él se formó en una Academia Militar y creo que muchas de sus virtudes provenían de ello. También pesaban otros factores. Ingresar en el Ejército suponía salir de casa e independizarme. Por otro lado, y según lo que había podido observar, veía bastante difícil para mí el panorama universitario.

Después de Navidades comuniqué a mi madre mi decisión. La sorpresa fue inmediata: «No digas tonterías.» Mi madre dudaba que estuviera hablando en serio y la extrañeza por mi decisión se extendía a mis hermanos y a mis amigos. A todos insistí que la decisión había sido bien meditada y a mi madre le pedí que se enterase cuáles eran los pasos a seguir para el ingreso en la Academia. Mi madre me aconsejó que lo meditara más tiempo.

Transcurrido un mes ya comencé a asistir a los cursos de la escuela premilitar del ICAI, escuela dirigida por un coronel que dependía de los jesuitas y estaba en el mismo edificio que la escuela universitaria ICADE, en Madrid. Éramos ciento y pico que asistíamos por las tardes a clases de álgebra, cálculo, física, química e inglés, sin olvidar sesiones de gimnasia y preparación física.

Fue un rudo choque pasar de arquitectura al ICAI. Hubo que cambiar la apariencia externa, llevando el pelo corto casi a lo recluta y luciendo corbata. El papel de ogro justiciero lo representaba mi comandante, a quien volví a encontrarme al final de mi carrera. Aparecía en los momentos más inoportunos y no se pensaba dos veces la imposición de los arrestos. Los castigos eran mucho más severos que los que había conocido hasta entonces. Saltarse una clase suponía recuperarla el domingo por la mañana. Pero sobre todo en el ICAI trataban de inculcarnos el clásico espíritu mitad monje mitad soldado. Un intermedio en las clases por la tarde coincidía con el toque de oración en el Ejército. Nos formaban a todos en el patio y cantábamos un himno religioso-castrense. La formación provocaba un ligero cachondeo entre los alumnos de la institución contigua, el ICADE, donde preparaban los jesuitas a futuros abogados y empresarios. Yo pretendía ignorar tales posibles burlas y me tomaba enormemente en serio esta preparación previa. Entrando en el espíritu de la escuela ICAI había hecho unos ejercicios espirituales nada más ingresar. Estaba consciente de una cierta presión moral que pesaba sobre mí en estas circunstancias. La clásica salida y el comentario de mis profesores era del estilo de: «Siendo quién era tu abuelo, a ver como lo haces tú.» Las escuelas premilitares habían nacido como consecuencia de las pruebas a superar para el ingreso en las Academias. Cuando el Ejército de Tierra transformó estas pruebas en un sistema de selección prolongado por un año y pico, dichas escuelas habían perdido parte de su vigencia o al menos así lo entendía yo. Como me negaba a asistir a algunas clases de las que me sobraba nivel, como inglés, llegué a acumular tantos arrestos que no había domingos en el curso para poderlos cumplir. Un día pedí hablar con el coronel director para exponerle que «esta escuela me absorbe mucho tiempo, me crea numerosos fastidios y no creo que sea estrictamente necesaria. Es mi deseo pedir la baja y presentarme en la Academia cuando llegue el momento». «Tienes que comprender que es deseo de tu familia que te prepares aquí», me dijo el coronel. «Mi padre es médico y mi madre se dedica a sus labores, el que quiere ser militar soy yo», le respondí. Llegamos a un acuerdo. Yo seguía perteneciendo a la escuela, pero quedaba libre de asistir. Supongo que para ellos representaba un orgullo presentar en la Academia a un nieto de Franco.

Acabado el examen previo los que quedáramos pasaríamos al campamento. Los pasos que daba yo por ingresar en la Academia correspondían a un nuevo plan de ingreso que había comenzado unos años antes. Anteriormente se ingresaba en la Academia por oposición. Este sistema había durado hasta la 32 promoción. La 33 promoción fue la del cambio y con la 34 ya imperaba el nuevo plan de ingreso consistente en el examen previo, campamento y el primer año selectivo en Zaragoza. Yo soy miembro de la 36.

En julio tuvo lugar el examen previo, en el cual de los cuatro mil y pico que se presentaban tenían que quedar del orden de 1 800. Comenzó el examen con unas pruebas físicas eliminatorias. Había que conseguir unas cotas nada despreciables. Si no recuerdo mal los mil metros había que correrlos en menos de cuatro minutos, había que saltar más de treinta y tantos centímetros verticales, con los pies juntos y sin carrerilla, lanzar una bola de seis kilos más de seis metros, y hacer un esprint de sesenta metros en menos de ocho segundos. A base de entrenamientos en el Retiro y en la Casa de Campo, conseguí superar las pruebas físicas sin excesivos problemas.

Antes de ingresar me había sido concedida una plaza de gracia. Esto se debía a que era segunda generación de un militar condecorado con la Laureada o con la medalla militar individual. El abuelo poseía ambas condecoraciones y la medalla militar individual por dos veces. La plaza de gracia representaba una gran ventaja en tiempos del ingreso por oposición, pero en el sistema que yo seguí no influía como ventaja personal. Si ingresaba no quitaba el puesto a nadie, pero debía alcanzar la misma puntuación que cualquier otro.

El campamento se situaba a medio camino entre Zamora y Toro, a orillas del Duero, en una área llena de mosquitos y de polvo. Duró dos meses y pico en pleno verano, julio y agosto. Fue un período de gran dureza física y moral. Se exigía el máximo que se podía a unos chavales de 17 a 21 años. Si bien el régimen podría ser similar a cualquier otro campamento de reclutas, había sin embargo el agravante de un estado de tensión permanente al existir una rivalidad abierta entre los caballeros aspirantes. Todos tenían la vista puesta en la meta de la Academia General. No importaba demasiado pisar al compañero si así resaltaba uno más hacia el mando.

La diana era a las cinco y media. De hecho no había amanecido y era verano. Había que salir corriendo de la tienda de campaña cónica, diez caballeros aspirantes por cada tienda, y llegar a formar. Los tres últimos en llegar a la formación conseguían una nota desfavorable, cuando no eran arrestados. Después del desayuno se sucedían las prácticas de tiro, la gimnasia, la instrucción en orden cerrado. Había una pequeña pausa para comer, para seguir después con clases de teórica. Éstas consistían en clases de instrucción militar, de armamento, de espíritu militar, de conocimiento del Código de Justicia Militar y de las reglamentaciones. Al caer la tarde tocaba instrucción en orden de combate, con seis kilos o más a cuestas.

Sin duda aquellos meses eran un shock para mí. Desde las fatigas de las marchas hasta los continuos gritos y la obligación de hacer todo a la carrera, desde las letrinas apestosas en una franja cavada hasta el rancho servido en bandejas las mayores veces cubiertas de moscas. Tenía un compañero, un chico de Jaén hijo de labradores. Él solía decir: «Aquí se trabaja duro, pero igual que en mi casa y además aquí se come muy bien.» A mí, estos comentarios me dejaban algo colgado y atónito. Al preparar mi ingreso en el Ejército estuve en contacto con unas clases sociales que hasta aquella fecha eran para mí mayormente desconocidas. El 60 %, calculo, de los caballeros aspirantes eran hijos de padres pertenecientes a las Fuerzas Armadas. De éstos quizá un 30 %, no más, serían hijos de oficiales y un 60 % hijos de suboficiales, guardias civiles y de los llamados hoy policías nacionales. Cuando yo ingresé en el Ejército había prácticamente desaparecido cualquier tipo de clasismo. Hasta un 70 % podía considerarse como de clase baja o media baja en términos sociológicos clásicos. Es un hecho constatable que el estatus social del militar de carrera en España ha sufrido un deterioro considerable. Oí decir en mis años de militar que «antes la mujer de un oficial era la jefa de la escalera, pero ahora tiene graves dificultades para vivir en una casa de vecinos».

En este ambiente yo me esforzaba por ser uno más. Evidentemente notaba a nivel psicológico un trato distinto. Te podían mirar, incluso los mandos, con más interés, hasta con deferencia y respeto. Pero en lo que al trato exterior se refiere recibí el mismo que los demás, sufriendo mis arrestos como todos. Los arrestos se sucedían por cualquier motivo y en cualquier ocasión. Recuerdo uno que sufrí por haber movido la cabeza estando en formación, al intentar que un mosquito dejase de hacerme trizas el cuello.

Tuve tiempo a lo largo de mis años en Zaragoza para meditar acerca de este evidente abuso de arrestos. Para mí los arrestos eran tantos y por tan poca causa que se devaluaban. Cuando yo mismo tuve mando, procuré utilizar el arresto sólo como último recurso.

En mi afán por ser uno más en el campamento, me pasaba los sábados por la tarde y los domingos en Toro o en Zamora, según tocaba, con mis «compas» tomando vinos en los bares o sentados en fila en el cine como un recluta más. Tenía, eso sí, coche propio, un 131 blanco que me regaló mi abuela al cumplir los 18 años, igual que hizo con mis demás hermanos. El tener coche era todo un lujo y privilegio en el campamento y siempre lo utilizaba los fines de semana llevando conmigo a tres o cuatro compañeros del pelotón a la ciudad más próxima, en donde habíamos quedado. Pude haberme acercado a Madrid, pero yo me tomaba muy en serio el campamento y jamás pasé los límites impuestos de Toro y Zamora.

En mi afán por soportar y por superar las durezas del campamento, llegué a lesionarme un tobillo, que pudo haber sido grave, y también sufrí una crisis respiratoria. Siempre había sufrido del polvo y del polen, llegando a hacer un tratamiento de autovacuna a lo largo de aquel año y de ir acompañado por un espray en el campamento. Mi crisis respiratoria era quizá inevitable y acabé en el Hospital Militar de Valladolid. Esta visita tuvo su anécdota. Un comandante en el hospital me auscultó rutinariamente y dijo: «Tiene los bronquios muy mal, no sirve para estar en el Ejército.» «Mi comandante —dije yo—, es que quiero ingresar en la Academia General.» El comandante puso más atención en el asunto, sacó a relucir un aparato para medir la capacidad respiratoria, me hizo más pruebas y al final sentenció: «Adelante, con esa capacidad pulmonar servirías

Francis hacía más y más vida con mi abuelo, a quien acompañaba a todas las cacerías.

Mery era la amiga de mi infancia. Siempre mucho más loca que yo, más atrevida, más echada para delante.

aunque no tuvieras bronquios.» La lesión del tobillo pudo haber sido más grave. Yo notaba que se me vencía. En el campamento me diagnosticaron una distensión de ligamentos. Al acabar el campamento, y puesto que me seguía doliendo, pedí una segunda opinión a mi padre, que a su vez me mandó a un amigo suyo especialista en huesos. Éste me dijo que había sufrido una fractura del peroné y que ya se estaba soldando por sí sola, pero era una gran suerte que no me hubiera quedado cojo.

La primera ocasión en que fui a la enfermería por culpa de un dolor de muelas, presencié carreras y gritos desgarrados. Enfermeros armados de jeringuillas perseguían a un compañero de campamento intentando sujetarle. El chico estaba histérico y era imposible reducirle. Luego supe que era hijo de un oficial que no daba de sí pensando que su hijo se iniciaba en la carrera militar. El chico no soportaba el campamento y tampoco podía volver a casa diciendo que había fracasado. A los pocos días se mató en el Hospital Militar de Valladolid abriéndose la cabeza contra el water.

El suicidio de este aspirante fue un caso extremo del *stress* al cual estábamos sometidos todos. De hecho el Ejército se cuidaba mucho de vigilar el estado psicológico de cada uno en el campamento. Al menos una vez por semana todo aspirante tenía que someterse a un test psicotécnico. Se utilizaba la fórmula normal de estos test, en los cuales había que rellenar una serie de papeles poniendo las cruces en las casillas ante una serie de posibilidades de A a D y todo en muy poco tiempo. Lo que hacía el mando era variar las circunstancias, ya que se nos sometía a las pruebas en distintos momentos del día y en distintos estados de ánimo. Hubo un test psicotécnico en el momento de levantarse, al volver de una marcha, o justo antes de salir de permiso. Todo este material recogido de los aspirantes pasaba a un ordenador y a un procesador de datos en la Academia de Zaragoza.

En este apartado el test más importante, sin duda, fue una reunión obligatoria celebrada con tres mandos, en Toro, que llegaba a ser algo como un Tribunal de oposición. Tras contestar a una serie de preguntas breves y rápidas de carácter actual, el que hacía de presidente del Tribunal me hizo la pregunta clave llegando a ser como la exposición de un tema: «¿Cree usted que la población civil española está compenetrada con su ejército?»

La pregunta del oficial me cogió por sorpresa, pero contesté de inmediato: «No, creo que existe demasiado distanciamiento.»

Supongo que no era la contestación que esperaban escuchar de mí. Desde luego les pudo extrañar. «¿Qué solución daría usted a este problema que plantea?», preguntó el oficial.

Desarrollé entonces una idea que ya tenía bastante fija y que iría desarrollando a lo largo de mi vida en el Ejército. Pensé entonces y lo sigo pensando ahora, que el ciudadano civil no es capaz de entender los puntos de vista del militar y viceversa porque existen una serie de condicionantes que alejan exageradamente al militar de su entorno no castrense. Más que fomentar actividades en común entre civiles y militares, aunque a nivel de grupo siempre algo se podría hacer, yo creía que la solución se presentaba a nivel individual. Posteriormente, en la Academia, esta primera impresión o intuición de campamento iría tomando cuerpo. Constaté que, debido a los condicionantes de la vida en Zaragoza, la mayoría de mis compañeros llegaban a carecer totalmente de amigos civiles.

Un condicionante en la vida de la Academia que creaba un evidente distanciamiento se refería al horario. El tiempo libre de los cadetes a lo largo de la carrera se reducía de cuatro a diez por la tarde los sábados y del mediodía a diez de la noche los domingos. El mantener en tal régimen de internado a unos chicos desde los 18 hasta los 23 años hace que todos los amigos de uno, las dudas, y las confidencias se reduzcan totalmente al mismo grupo militar de la Academia. Cada vez el cadete era más ajeno a la vida civil. Fuera de la Academia la sociedad seguía su ritmo, pero ahí dentro de la Academia esto se perdía.

Yo siempre tenía la preocupación por seguir los hilos de mis amigos civiles. Cada vez éstos eran más difíciles de seguir. Yo como los demás vivía en una onda cerrada la vida militar y cada vez conocía menos a los que vivían fuera de la familia castrense. A mi modo de ver el horario se convirtió en el quiste de los condicionamientos. Sin ir más lejos, y según entendíamos, en la Academia General del Ejército Francés, Saint-Cyr, los permisos de fin de semana eran de viernes por la noche hasta el lunes a diana.

Con el tiempo yo pude rehacer mis puentes con la vida civil y en esto fui una excepción entre mis compañeros. Cuando fui destinado a Las Palmas, opté por alquilar una casa y fomenté aún más mis contactos no militares. Mis superiores no tardaron en reparar en esta decisión mía. Cuando estaba ya en trance de dejar el Ejército me diría un general: «Si en vez de tener amigos civiles te hubieras quedado a vivir en la residencia de oficiales y hubieras salido regularmente con los compañeros, no te habría pasado esto.»

Me hubiera gustado contestarle: «Si su mujer fuera más flaca, más alta, con diez años menos y de mejor carácter sería maravilloso. Pero no sería su mujer.»

Pero esto es adelantarse a los acontecimientos.

El autor recibe el despacho de alférez en Zaragoza.

CAPÍTULO V

Madrid, Zaragoza, Marbella

Acabado el campamento hubo quince días de permiso antes de comenzar la vida en la Academia. Me pasé el permiso íntegramente en Madrid dedicándome a todo aquello que no pude hacer en el campamento. Fundamentalmente dormía y no hacía nada en particular. Era ya septiembre y en todos los sentidos para mí era una etapa de cambio. Tuvieron, incluso, esos días un incidente personal que subrayaba mi ánimo de distanciamiento frente a etapas ya culminadas. Antes de ir al campamento había mantenido una relación amorosa más o menos estable con una chica que era la perfección en miniatura. Era de cara perfecta, dulce, femenina al extremo, bajita y fina. Me escribió cartas al campamento, pero sin mucha regularidad ni entrega. Al volver a Madrid no pude dar con ella en ningún lado. Por fin la encontré cuando acudí a una fiesta que daba un amigo mío. Ella me abrió la puerta como anfitriona del festejo. Mi amigo me la había pisado.

Encontré en mi casa y entre los míos bastante crispación. Las aguas empezaban a estar bastante revueltas en lo que concernía a la vida de mi hermana Carmen. En el caso de mi hermano Francis, el revuelo en ese momento era mayor y más patente. Francis había acabado ya la carrera de medicina y a la vez había decidido que jamás la iba a ejercer. A mi padre, que había depositado mucha confianza en él, esta postura de Francis le supuso un trauma. Se dedicó a convencer a la abuela y a los demás de la familia que llamándose Francisco Franco no podría ejercer la medicina en España. Si se quiere, la postura de Francis llegaba a ser una constatación atroz del descrédito en el cual había caído la familia a los nueve meses de haber muerto el abuelo. Estábamos viviendo el triunfo del revanchismo. Yo era consciente de que había una campaña orquestada contra la figura de Franco. Al principio me indignaba que los directores del desprestigio fueran los mismos aduladores de tantos años. Posteriormente, en un intento racionalizador, comprendí que esto era necesario para conseguir un trasvase de mito y de cariño, salvando las distancias, y consolidar así a la figura del Rey.

La abuela se sentía más y más herida y traicionada por estas campañas y progresivamente se encerraba en el círculo reducido de su familia y de sus más íntimas amigas. También es posible que ella recordase otras épocas, durante la república, cuando el abuelo también fue vilipendiado. Por sus años y experiencias ella quizá se adaptaba mejor a cambios bruscos y supo aislarse consecuentemente. Lo supo hacer con dignidad, haciendo una vida rutinaria en su casa, acudiendo puntualmente a sus misas diarias, recibiendo de cuando en cuando en audiencias a antiguos ayudantes y admiradores del abuelo y a menudo reuniéndose por las tardes con su hermana Isabel y las mujeres de Nieto Antúnez y de Alonso Vega. Reprodujo a su manera las tertulias del palacio de El Pardo en la calle de Hermanos Bécquer.

Mi madre, poco a poco, se reponía de la muerte del abuelo, que siempre había sido su norte. Durante algún tiempo se quitó de en medio haciendo largos viajes por distintas partes del mundo. A su vuelta emprendió con gran énfasis una labor autodesignada de intentar unir y dar dirección a la familia. No era tarea fácil. Cada uno de nosotros somos independientes y distintos de ella. A mi madre le llovían todas las bofetadas.

Dentro de las distintas aguas revueltas, y de las tormentas que se veían venir, yo era en aquel momento el que menos preocupaciones podía causar. Ya hasta mis hermanos y amigos más dudosos empezaban a creerse que tenía auténtica vocación militar. Mi padre y la abuela me animaban constantemente. A la abuela, sobre todo en aquel momento, se le caía la baba conmigo, se emocionaba al verme y mostraba auténtico interés en todos los detalles de mi vida militar.

La verdad es que yo en ningún momento supe si iba a seguir siendo militar toda mi vida. Pero sin embargo, sí estaba muy consciente de que quería acabar la carrera. El haber abandonado arquitectura al poco tiempo de matricularme me marcó mucho. Conocía bastante bien al tipo humano que comenzaba infinidad de carreras y no acababa ninguna.

También era muy consciente, en aquellos días previos a mi ingreso en la Academia General, que había sido depositada una determinada confianza en mí. Llegué incluso a pensar que la única coartada moral que tenía mi familia, en aquel momento de desequilibrio, frente al pueblo español, era que yo triunfase como caballero aspirante y así mostrar que no todo lo que se asociaba con la descendencia de Franco era puro cachondeo.

En estas reflexiones, sin embargo, había siempre unos elementos de ambigüedad y de ambivalencia. Aquel primer año fui a la plaza

El marqués de Villaverde, el autor, Mery, Francis, Carmen, Mariola y Franco.

La regla de oro en El Pardo era sencillamente que a mi abuelo no se le podían dar disgustos. Esto lo asumía yo, como mis hermanos, al nacer.

Carmen, Francis, el autor de la mano de Franco, doña Carmen llevando en brazos a Mery, y Mariola.

de Oriente a la manifestación convocada para rendir homenaje a mi abuelo en el aniversario de su muerte. Fui de riguroso incógnito y me mezclaba entre el gentío. Me producía, por supuesto, innegable alegría el comprobar la masa en torno a la figura del abuelo. Pero también me fastidiaba comprobar que se utilizaba su figura para fines políticos concretos que yo pensaba que ya no tenían razón de ser. Yo no llegaba a entender la virulencia de los partidarios de Fuerza Nueva, ni me hacía a la idea de que alguien como Blas Piñar podía ser un nuevo dictador. La verdad es que a lo largo de mis años en la Academia siempre tuve más problemas con los franquistas de pro que con los más bien contrarios.

Aquel 20-N del año 1976 no pude estar en la tribuna, como lo estaban mis padres, por mi condición de militar. De ser civil tampoco hubiera estado. En ese aspecto, como en otros, me alejaba de mis padres. Con el tiempo el distanciamiento sería cada vez mayor.

En el aula donde se celebraba el examen de química la situación no podía ser más tétrica. El comandante se acercó a mi pupitre y empezó a revolver todos los papeles que tenía encima. Después me ordenó ponerme en pie y sacar todo lo que tenía en los bolsillos. Luego me hizo abrir el pupitre y sacó los libros, de uno en uno, hasta que al abrir las páginas, las chuletas cayeron al suelo. «¿Esto qué es?», preguntó. «Lo que usted lleva buscando desde el principio», contesté yo.

Desde que acabé el colegio y a lo largo de aquel curso no había echado mano de las chuletas. En esta ocasión sabía que tenía que recurrir a ellas para superar las pruebas de química, puesto que esta asignatura no la había estudiado desde quinto de bachillerato al no ser necesaria para arquitectura.

No obstante, había montado con esmero mi estrategia para el examen. Además de hacer las chuletas concisas y exhaustivas, me había dedicado a observar la práctica de vigilancia de quien yo suponía estaría presente en el examen. La vigilante iba a ser una profesora de química, de la Universidad de Zaragoza, que impartía clases en la Academia. Sabía que tenía que escoger pupitre en el centro del aula, cerca de donde ella estaría, para así seguir de cerca sus movimientos. La sorpresa vino al comenzar el examen, cuando en vez de la profesora se presentó un comandante.

El jefe ordenó dejar libres los pupitres de toda una hilera, situándome a mí en la del fondo. A continuación salió del aula, dando la orden de comenzar el ejercicio, y dejó la puerta entreabierta. Por la rendija de las bisagras sólo podía divisar la hilera donde yo me encontraba. Yo estaba seguro que me observaba y, por lo tanto, no

Nieto Antúnez, para la familia era siempre Pedrolo, era amigo de mi abuelo desde la infancia de ambos en El Ferrol. (En la foto, con Franco y el Príncipe de España, a bordo del yate «Azor».)

Alonso Vega representaba también muchísimos años de recuerdos compartidos.

Carrero Blanco no debía ser muy amante de los niños y al verle, a mí por lo menos, se me producía una sensación de inseguridad y miedo.

Arias Navarro reducía su presencia en El Pardo a los despachos oficiales con el abuelo, pero cuando hubo ocasión de cruzarse con nosotros, los nietos, siempre estuvo simpático y agradable.

me atreví a sacar las chuletas. Fue cuando faltaba muy poco por finalizar el examen, que por supuesto sabía que suspendería, cuando el comandante se acercó a mí. Tuve la certeza de que algún compañero había comunicado al mando mi intención de copiar. El hecho de que no había copiado no sirvió de nada.

El incidente me supuso ocho días de calabozo, un cero en el examen y dos puntos descontados de mi expediente, lo cual hacía peligrar mi ingreso en el Ejército. Moralmente supuso mucho más. En el calabozo tuve una seria crisis, llegando a plantearme el tirar la toalla y pedir la baja. Si la superé fue gracias a mi amigo, Nacho, que me animaba constantemente a que al menos acabase el año. Mi mayor agobio fue el constatar que estaba estrechamente vigilado.

Recordé entonces una pequeña anécdota que indicaba la presencia de una especie de correa de transmisión al mando, entre mis compañeros. A la vuelta de un permiso, había comentado a un grupo una serie de incidencias cinegéticas y furtivas que viví con mi hermano Francis. Fue una conversación de bar que pudo haber tenido graves consecuencias.

Conté que estando de permiso en una finca de mis padres y a punto de salir para Madrid y así estar a primera hora de la mañana siguiente en Zaragoza, me llamó mi hermano Francis para decirme que su coche le había dejado tirado en el monte y que fuese a recogerle. No tuve más remedio que ir a por él, que llevaba ya una semana con un amigo cazando furtivamente en aquel lugar.

Ya de vuelta con ellos, vimos a dos cabras en lo alto del monte. Francis, como gran gesto de amistad y por agradecerme el haberle recogido, me dijo que me dejaba tirarlas. A pesar de ir vestido de ciudad, con mocasines, camisa de gemelos y pantalón de franela, empecé a subir el monte junto con el amigo de mi hermano. Entonces fue cuando vimos a dos guardas que se habían acercado en un jeep y nos miraban con prismáticos.

El amigo y yo comenzamos una galopada monte arriba, yo deshaciéndome la ropa, para llegar a un punto de reunión previamente convenido con Francis, que se había ido con mi coche. Para evadir a los guardias hubo que subir por una chimenea, yo alzándome a los hombros del amigo y luego subiéndole a él agarrado al rifle. Ya cerca del lugar de reunión y lejos de los guardas apareció un macho viejo y muy grande. Disparé, lo maté y nos lo llevamos. Francis, que llevaba una semana en Cazorla y sólo había cobrado dos piezas mucho más pequeñas, no pudo ocultar su irritación. De hecho él se quedó con el trofeo diciéndome que lo iba a mandar disecar. No lo volví a ver más.

Aquélla fue la anécdota que, con mayor o menor lujo de detalles, conté a mis compañeros. La sorpresa fue cuando, al poco tiempo, un mando me dijo: «A ver si te dedicas a cazar menos con tu hermano y a estudiar más.»

Por lo tanto, como si se tratase de un juego, me dediqué a contar más y más historias, algunas locas y estrambóticas, a distintos grupos de compañeros. Así, comprobando cuáles de ellas llegaban a oídos superiores, pude por un proceso de eliminación identificar al informador. Resultó ser uno, a quien llamaré *Pedro*, que llevaba dos años intentando ingresar en la Academia para ser oficial de la Guardia Civil. Aquel año, por fin, lo consiguió, supongo que por servicios prestados. Una vez destapado *Pedro* hice de él, sin que lo supiera, un aliado, puesto que él podía comunicar al mando toda una serie de pistas falsas acerca de mí según me podía interesar.

La verdad es que tomé aspectos disciplinarios de este año selectivo con cierta filosofía, al igual que lo hacían otros compañeros míos. Un ejemplo de esto fue mi gusto por la «dianilla», es decir, el tiempo que se sigue durmiendo después del toque de diana.

La diana, aquel año, era a las seis treinta y todos nos levantábamos para formar en albornoz, en la nave donde dormíamos sesenta, en literas. Después de contarnos y de dar novedades, el jefe de sección, que normalmente era un suboficial que intentaba el ingreso en la Academia, teníamos un cuarto de hora para vestirnos y, a continuación, tocaba una hora de estudio en el aula.

Por lo general yo, junto a otros, me volvía a acostar. Si, a lo largo de la dianilla, se acercaba por ahí algún mando, el que hacía turno de cuartelero, haciendo guardia y cuidando la nave, daba la voz «Compañía, el capitán». Daba tiempo de salir de la cama, alisarla, coger la ropa bajo el brazo y esconderse en una habitación pequeña donde se guardaban las escobas y que se podía cerrar por dentro.

Dejé la práctica de la dianilla después del incidente del examen de química. Tenía que evitar a toda costa más arrestos y como se decía en el argot de la Academia, andar con «Queo». «Queo», al ser dos vocales que pueden ser articuladas sin mover los labios, era la palabra utilizada en formaciones, o en cualquier otra ocasión similar, para avisar que un mando se acercaba. «Queo, queo» significaba cuidado, cuidado que hay moros en la costa.

Al margen del incidente del examen, que fue un calvario personal mío, el punto bajo del año selectivo tuvo que ver con un nunca aclarado robo que envenenó las relaciones dentro de mi sección. Este asunto puso sobre el tapete el *stress* al cual estábamos sometidos los aspirantes y también la intemperancia del mando.

Resultaba que los de selectivo, de la provincia de Sevilla, habían

**Siempre he pensado que mi madre se parece bastante a mi abuelo.
Al igual que él, raramente exterioriza sus sentimientos.**

**Mi abuelo siempre había gozado
de una legendaria buena salud,
pero a mi abuela, hacía unos años,
se le habían detectado algunos
pequeños fallos y problemas cardíacos.**

Edita: T.I.S.A.
REDACCION Y ADMINISTRACION
Pelayo, 28 (1)
TELEFONOS
329-54-54
(30 LINEAS)

LA VANGUARDIA ESPAÑOLA

PRECIO DE ESTE EJEMPLAR: 8 Pesetas

Director: Horacio Saenz Guerrero

MIERCOLES, 19 noviembre 1975

PRECIOS DE SUSCRIPCION

LAS LENGUAS NACIONALES

El decreto sobre el uso de lenguas regionales establece por primera vez desde la guerra unas orientaciones generales inspiradas en un criterio que explícitamente se define como de respeto y amparo de las lenguas «regionales», a las que el decreto reconoce la consideración de lenguas «nacionales», patrimonio cultural de la nación española.

No se hace alusión más que a un precedente próximo: el decreto de 30 de mayo que autorizó con carácter voluntario y experimental la enseñanza de las lenguas nativas españolas en los centros de educación preescolar y de educación general básica. Apenas empezado el curso no es raro que en materia de enseñanza el nuevo decreto se remita a éste del 30 de mayo y a la ley General de Educación, pero en cualquier caso supone un respaldo al pa... que se dio en la primavera pasada.

Si buscáramos precedentes más lejanos, veríamos con mayor claridad

FRANCO LA SITUACION VUELVE A SER CRITICA

Se mantiene al enfermo a una temperatura de 33 grados centígrados (hibernación). Ha sido cohibida una nueva hemorragia gástrica

Madrid, 18. (Especial para «La Vanguardia».) — Cuando el primer parte médico oficial de hoy hablaba de «nuevo e importante episodio de hemorragia gástrica», llevábamos ya varias horas de tensa alerta en «La Paz».

En realidad, desde que se supo que a primeras horas de la mañana habían llegado los jefes de las casas Civil y Militar, y que acudieron también otras personalidades, entre ellas el duque de Cádiz, y unos y otros habían salido una hora después, todo fue alarma en Madrid. ¿Qué estaba pasando a altas horas de la madrugada? ¿Continuaban con el enfermo solamente los habituales médicos de turno, o había sido reforzado el equipo a las cuatro de la mañana? ¿Había sido controlada la hemorragia, que ya nadie pretendía ocultar, a las siete y media? Eso es lo que parecía hacernos creer el primer comunicado, pero poco después la misma fuente oficial tenía que reconocer que «se estaba intentando controlarla». En esta situación se permanecía a las nueve horas, cuando llegaron a la residencia sanitaria de «La Paz» el presidente del Gobierno y los ministros de Trabajo e Información. Lo que les comunicaran en el interior sobre la situación clínica del Jefe del Estado no debió ser nada esperanzador a juzgar por los rostros de los tres miembros del gabinete cuando salían en dirección al palacio de las Cortes.

El nuevo episodio sangrante se habría iniciado a la una y media de la madrugada, cuando sólo cuatro médicos del amplio equipo que atiende a Franco permanecían de turno, jun-

rez-Miranda y, como hemos indicado, a continuación acudieron los ministros de Trabajo e Información, y el presidente Arias Navarro. Nada especial nos decían tan madrugadoras

fermos sometidos a varias intervenciones en la misma zona. Ocurre a veces que los tejidos se debilitan en extremo y, al no permitir el proceso de cicatrización, viene la hemo-

Partes médicos

El último parte médico recibido hoy en relación con el estado de salud de Franco ha sido hecho público a las 11.30 horas de anoche, a través de la Dirección General de Coordinación Informativa, en los siguientes términos:

«Las Casas Civil y Militar comunican a las 23.30 horas que, según informan los médicos de turno que asisten a S. E. el Jefe del Estado en la ciudad sanitaria «La Paz», de la Seguridad Social, el Caudillo continúa en las mismas condiciones del parte anterior.

No ha habido incidencias que mo-

La espera de la muerte, la primera parte en El Pardo y el acto final en La Paz, fue un maratón de tensión y de angustia. Titulares en la prensa; Fuertes de Villavicencio, jefe de la Casa Civil, acompañado del doctor Pozuelo, en la clínica; equipo médico trasladado a La Paz, ante la expectación de los periodistas.

reunido más de treinta mil pesetas, entre ellos, para alquilar un autobús que les trasladaría a sus casas durante el permiso de Semana Santa. Los organizadores de la colecta estaban en mi sección y fue precisamente del aula de mi sección de donde desapareció una noche el dinero reunido. La cartera vacía apareció cerca del pabellón.

El general dio la orden de que nadie de la sección podía salir de permiso hasta que confesase el ladrón. Tuvo lugar así una demencial detención que, a fin de cuentas, nos hizo perder cinco días que correspondían a las vacaciones. Hubo graves enfrentamientos y acusaciones entre miembros de la sección, ataques de histeria de algunos y una desconfianza manifiesta y total. Lo peor fue comprobar como la ilusión por todo lo castrense se desvanecía en estas circunstancias. Hubo, incluso prácticamente, conatos de rebelión y abierta hostilidad hacia el mando.

A tal punto llegó el proceso de descomposición que llamé a mi madre, y también a algunos militares amigos, para contar lo que estaba ocurriendo. Hicieron lo mismo otros compañeros, hijos y familiares de militares. Estas iniciativas debieron surtir efecto, pues el general no solamente retiró la orden de detención, sino que además nos pidió excusas a todos. El dinero nunca apareció.

Aquellas amarguras se olvidaban al acercarse la fecha de las pruebas finales para ingresar en la Academia. Los dos últimos meses del curso selectivo fueron los más duros de mi época de estudiante. Sabía que había perdido tiempo y que tenía que apretar a tope. Dormía de tres a cuatro horas diarias y eché mano del yoga como método de relajación.

Un punto muy positivo en esta época, entre sofocones de estudios y sesiones de yoga para reponerme, fue conocer a Carlos, el que sería mi mejor amigo entre los compañeros de la Academia. El primer contacto no fue, sin embargo, halagüeño. Yo estaba tomando un café en la «vaca», la máquina tragaperras destinada a bebidas calientes, cuando se me aproximó un compañero que apenas conocía de vista. «Parece mentira que, siendo quien eres, te tomes los estudios tan a la ligera», me dijo. Me indignaba que alguien que no me conocía se me aproximase chorreando de entrada y más al enterarme que él era bastante más vago que yo.

Carlos, en el curso selectivo, estaba en otro batallón, pero más tarde, en segundo de carrera y en cuarto, fue compañero de clase. Él me llevaba dos años y tenía una ambición frustrada de marino de guerra, habiendo sido, por dos veces, tumbado en la oposición de ingreso en la Academia de Marín. Al igual que yo, eligió el Arma de Infantería, con la diferencia que él sigue en el Ejército. Carlos

Con sus padres y abuelos,
el día de su boda
con Rafael Ardid.

Mariola era, y es, una persona bastante introvertida, tranquila y seria, un poco como yo era entonces.

De izquierda a derecha, Mery, Carmen, Arancha, marquesa de Villaverde, Francis, el autor y Mariola.

De izquierda a derecha, Mery, Mariola, Francis, Carmen y el autor.

era de Madrid y nos habíamos desenvuelto en un ambiente similar, teniendo amigos en común. Fue un amigo fiel y constante de Academia. Juntos tuvimos nuestros líos de mujeres y escapadas de lo que llegaría a ser el irritante régimen de internado. No fue fácil para mí, inicialmente, compenetrarme con mis compañeros de Academia. Carlos, a diferencia de la mayoría, no era hijo de militar y se le podía considerar un «niño bien» de Madrid.

Tenía la sensación de que aquellos de la Academia que no me conocían me miraban un poco de reojo. Al intimar en clase, podían llegar a aceptarme como era, pero de entrada no entendían muy bien lo que hacía yo en la Academia. Posiblemente creían que mis móviles no podían ser los suyos. Para algunos, en la Academia, ingresar en el Ejército era continuar de padre a hijo una tradición. Para otros, los hijos de los suboficiales y provenientes de medios rurales, se trataba de mejorar el estatus social.

Aunque pueda parecer paradójico, yo no era lo que se podría llamar de familia militar. El abuelo, pese a sentirse íntegramente militar, desempeñaba, desde hacía largo tiempo, un papel político y de hombre de Estado. Lo militar que yo podía conocer se reducía a generales, principalmente a los ayudantes del abuelo, y a las paradas y desfiles. A diferencia de tantos compañeros de Academia, yo nunca había vivido en una casa cuartel, ni había pasado la infancia en una escuela militar. Mis amigos no eran militares. De los doscientos y pico de mi curso en el colegio de El Pilar, sólo cinco optaron por las Fuerzas Armadas.

Al acabar el curso y comprobar que estaba incluido en la lista de los aprobados, tuve una sensación de gran orgullo de mí mismo. De los más de ochocientos del curso selectivo, un 60 % de los cuales ya repetían y tenían asignaturas aprobadas, nos quedamos en cuatrocientos veinte. Yo conseguí el número trescientos veintisiete.

Lo que para mí era legítimo orgullo, se fundaba en el hecho que había conseguido demostrarme a mí mismo y a los demás que cuando me proponía algo era capaz de lograrlo, habiendo sido este año el más duro de mi vida y habiendo tropezado con múltiples dificultades por el camino. Hasta entonces, en todos los logros de mi vida quedaba una sombra de duda, sombra que los envidiosos se encargaban siempre de fomentar. Lo conseguido ¿era mérito mío o me lo habían puesto en bandeja por ser nieto de mi abuelo? En esta ocasión, yo sabía que había competido en igualdad de condiciones. Sabía que nadie, en conciencia, podía dudar que el mérito era mío y esto me dio una gran seguridad en mí mismo.

Mi familia, y en especial mi abuela y mis padres, estaba orgullosa de mí y se notaba. Aunque nunca nos forzaron a ninguno de nosotros la elección de carrera, siempre había flotado en el ambiente que un nieto sería militar. El elegido era Francis, pero a los cinco años tuvo un reuma de corazón que frustró tales ideas. De mí se había deseado siempre que fuera médico y jamás militar. Menos aún se me veía como oficial del Ejército, cuando opté por arquitectura. El candidato para la carrera de las armas, dentro de esa idea generalizada en la familia de que alguien debiera elegirla, era mi hermano Jaime, siete años menor que yo. Él sí quiso ser militar, y todavía más al verme de uniforme de caballero cadete. Pero también se frustraría la ilusión familiar, pues en la actualidad Jaime estudia empresariales.

En numerosas ocasiones, amigos de la familia me comentaban la gran satisfacción que hubiera supuesto para el abuelo, de estar vivo, el verme en Zaragoza. Con gran emoción, mi abuela me dio el sable de oficial del abuelo. La hoja del sable está labrada y lleva una inscripción que dice: «Al comandante Franco Bahamonde sus amigos y admiradores de El Ferrol, 1922.» Tuve que cambiarle la cazoleta, para adaptarlo al tipo de sable que se utilizaba en mi época. Para mí, el sable se convirtió en una especie de talismán y me prometí a mí mismo que, si algún día Jaime alcanzaba una graduación más alta que la mía, el sable sería para él.

Comprendía, por supuesto, la emoción de la abuela y de mi madre. No quise decirles que, de haber seguido con vida el abuelo, yo nunca hubiera sido militar. De seguir viviendo él, nunca hubiera logrado la necesaria confianza en mí mismo, las dudas hubieran seguido existiendo.

De Zaragoza me fui al Pazo, a La Coruña, a comenzar lo que sería mes y medio de permiso. Ahí me dediqué a entrenarme, corriendo y haciendo gimnasia, para ponerme más en forma y comenzar con buen pie la vida de caballero cadete. Como los aspirantes a guerrero también necesitan reposo, rematé el permiso en Marbella, donde mi hermano Francis acababa de inaugurar un chiringuito.

En el chiringuito se comía bien, sobre todo coquinas que abastecía un pescador que Francis había conocido en la playa. Como la mayoría de las cosas en Marbella, lo de Francis era selecto, caro y esnob. Mi estancia ahí, en gran contraste con la sana vida del Pazo de Meirás y aún más con la de Zaragoza, supuso también una serie de roces con la llamada prensa del corazón. En aquellos días, tuve mi primera novia «pública», una hermana de una actriz que buscaba publicidad para sí misma. También, en una discoteca, se abalanzó cariñosamente sobre mí una estupenda mujer que hacía *strip-tease* y que convenientemente se había puesto en contacto con fotógrafos para inmortalizar el momento del contacto.

Los marqueses de Villaverde.

CAPÍTULO VI

Fama a la fuerza

Tras la muerte del abuelo, hubo un serio intento, por parte de la familia, de retirarse de la vida pública y cobrar una intimidad y una vida privada. La única excepción a esta postura, que era encabezada por la abuela y por mi madre, fue mi padre, que intentó ser, en aquellos meses, consejero nacional. Sus ambiciones políticas fueron frustradas y desde entonces en adelante él también rehuyó a la prensa. Pero este empeño que habíamos asumido no sirvió de nada. Con el pasar del tiempo veríamos que la menor noticia relacionada con algún miembro de la familia cobraba inusitada trascendencia.

De hecho, el goteo sensacionalista comenzó nada más morir mi abuelo. En aquellos primeros meses la abuela, ayudada por todos, se disponía a marcharse de El Pardo. Las primeras especulaciones eran que salían del palacio flotas enteras de capitonés rebosantes de objetos pertenecientes al Patrimonio Nacional que irían camino de Filipinas. El detalle de Filipinas supongo que se debía a la amistad personal que mantienen mis padres con el presidente Fernando Marcos y su mujer Himelda. Las especulaciones eran rigurosamente falsas y jamás se llegó a demostrar nada de lo mucho que se llegó a decir.

Entre idas y venidas, la abuela tardó unos tres meses en recoger sus cosas del palacio, su casa a lo largo de cuarenta años. Ella se instaló en el cuarto piso de la casa de la calle Hermanos Bécquer, casa que era propiedad suya y de la cual nosotros ocupábamos el quinto piso. Lo único de la familia que quedó en El Pardo fue un Mercedes, regalo personal de Hitler al abuelo. Sólo se construyeron cuatro de estos coches. Uno se lo quedó Hitler y acabó con él en el Berlín del año 1945. Otro fue regalado a Mussolini y también acabó sus días en la segunda guerra mundial. El tercero fue a un jefe político del Japón y actualmente se encuentra en EE. UU. El cuarto, el de mi abuelo, se encuentra en el garaje de la casa militar de El Pardo, y de hecho uno de los reducidos contactos que conserva mi familia con la casa real trata del futuro de este coche.

Para nosotros, la familia, la ola de rumores que nos rodeaba no dejaba de ser una manera más de atacar al abuelo. A él nunca se le consiguió sacar ninguna falta referente a su vida privada. Por lo tanto, se intentaba destruir el mito de austeridad que lo acompañó a lo largo de su vida, por asociación de ideas, poniendo en la palestra nuestras vidas privadas. Ocurrió, por lo tanto, que cuando no existían noticias, algunos medios de información se dedicaban a inventarlas. Yo lo pude constatar estando en la Academia, donde me abstenía de hacer ningún tipo de declaraciones. Pero esto no fue óbice para que una revista, basándose en alguna información cogida al vuelo, a veces falsa y siempre inexacta, publicase con toda desfachatez un largo reportaje sobre mí que incluía una entrevista en exclusiva con preguntas y respuestas. Las fotografías eran de archivo o tomadas de la Academia cuando estaba en formación y no podía sustraerme a las cámaras.

Al ser completamente falsa esta «entrevista», era a la vez suave, para evitar cualquier posible querella. Así, afortunadamente, ponían en mi boca una serie de consideraciones que el mando, al menos, no podía objetar. Según contaba yo a la revista, desde pequeño no había vivido más que con la ilusión de ser militar. Jamás hubiera dicho eso, porque sencillamente no era verdad. Desde luego, era curioso ver cómo se iba formando una imagen pública inventada por los propios medios informativos.

La Constitución vigente refleja en uno de sus artículos el derecho a la propia imagen. Como en otros muchos campos, al no existir leyes dimanantes, se creaba un vacío legislativo que fue la gallina de los huevos de oro para muchas publicaciones. De nada servía iniciar un trámite jurídico en contra, puesto que no había leyes a las que agarrarse. Alfonso de Borbón, todavía marido de mi hermana Carmen, y mi padre intentaron vérselas con los tribunales, pero por fin desistieron ya que, con el pasar de los meses, lo único que había en claro eran las facturas de los abogados.

Posteriormente, sí hubo una ley según la cual no se podían sacar fotos en el domicilio propio sin consentimiento. Lástima que la ley apareciera después de que mi hermana Mery saliera en portada de una revista bajo el titular «La nieta de Franco con el culo al aire». Unos *paparazzi* le hicieron la foto en el jardín de su casa, subiéndose a una tapia, mientras que mi hermana tomaba el sol acompañada de un antiguo amigo y llevando como única prenda un tanga. Pero para entonces uno ya estaba preparado para todo. Hubo, por supuesto, otros y anteriores escándalos, como otros seguirían al de Mery. Quizá el primer gran super shock tuvo como escenario el aeropuerto de Barajas y como protagonistas a mi madre y a unas medallas de mi abuelo. Llega a ser irónico, habiendo salido tanto dinero de España y de tantas diversas formas, que a mi madre se la acusase de una inmensa fuga de capital por cruzar una frontera con unas medallas en el bolso, cuyo valor apenas sobrepasaba las doscientas mil pesetas. Para cierta prensa, fue poco menos que equiparable a la salida del famoso oro del Banco de España, en tiempos de la República, hacia Moscú.

En defensa de mi madre vale la pena recordar que podía haber salido por la salida de autoridades, en cuyo caso nada habría ocurrido. Llevaba las medallas a Suiza, donde las iba a montar en un reloj que se había comprado. Tan inocentemente salió, que fue como un pasajero más y el silbido del detector de metales desencadenó el suceso. Mi madre siempre ha sido un ejemplo de discreción, sacrificándose lo que fuera necesario por conseguirlo. Nunca había roto un plato en público y la publicidad que se dio al incidente la afectó mucho. Por supuesto, las posteriores aclaraciones que hizo ella en rueda de prensa nunca tuvieran el eco de la «gran fuga».

Mi hermano Francis fue otro que tardó poco en pagar el pato. Entró de lleno en la notoriedad nacional como terrorífico furtivo. Si a todos los furtivos que se cogen en España se les hubiera dedicado la cuarta parte de lo que acerca de ello se escribió de Francis, sería la única noticia del día por no haber sitio para más. Poco se puede decir en defensa de Francis. Se la jugó y le salió mal. Tuvo que pagar sus consecuencias.

No hay duda que Francis podía haberse abstenido de practicar la caza furtiva. El hecho es que a Francis le encanta cazar sin permiso. El que sea cazador o conozca a alguno sabrá que la caza furtiva cobra un especial interés. No sólo hay que engañar y despistar a la pieza sino también al hombre, al guarda. Francis, que lleva tirando desde que era muy pequeño, es un auténtico apasionado por la caza. Esta afición priva en él sobre cualquier otra y tendrá cientos de trofeos, la mayoría legales.

A mí lo que me sorprendió fue que lo hubiesen pillado. Más tarde supe que a uno de sus compañeros se le fue la boca comentando en una reunión que pensaba ir a un Parque Nacional en Cataluña. El comentario llegó a otros oídos, puesto que, cuando ya habían cazado, se encontraron con una auténtica emboscada por la Guardia Civil, que estaba sobreaviso.

Por desgracia, el bombazo mío en las páginas de sucesos no tuvo nada de anecdótico. Fue el 20 de noviembre de 1981, en Las Palmas, cuando fortuitamente atropellé a un matrimonio que falleció en el acto. Siempre se puede jugar al juego de «si no hubiera hecho esto, si hubiera hecho lo otro, esto no habría ocurrido, hubiera pasado

Yo a Ramón Serrano Suñer nunca le vi durante mis años en El Pardo.

La tía Pila y una de las hijas, Pilar Jaraiz, han escrito sobre nosotros. La tía, sobre todo, se convirtió por decisión propia en algo así como el portavoz oficial de la familia.

No recuerdo haber visto
nunca al hermano del abuelo,
Nicolás Franco, en El Pardo, como
miembro del círculo familiar.

Si hubo un familiar del abuelo
que tuvo acceso directo
y continuado con él, fue su primo
hermano Francisco Franco
Salgado-Araujo.

de otra manera». Tales juegos de hipótesis sirven de poco y desde luego no me consuelan, ni muchísimo menos a la familia de los fallecidos. El hecho es que aquella mañana había acudido al cuartel en uniforme de campo. Al llegar supe que a última hora de la mañana se celebraría una misa por el abuelo y que, por lo tanto, tenía que volver a mi casa para ponerme el uniforme de calle. Fue a la vuelta al cuartel cuando ocurrió el accidente.

El atropello se produjo en la avenida marítima que es autovía y donde está prohibido el cruce de peatones. Había tráfico, pero fluido. Iba en el carril de la izquierda, y adelantaba a un autobús. Vi que una pareja salía delante del autobús. Pegué pisadas al freno y me desvié a la derecha. De quedarse quieta la pareja o de seguir andando, estoy seguro que les hubiera podido esquivar. También pude haber frenado en seco, pero me exponía a perder el control del coche y a alcanzarles seguro. Por fatalidad, al tirar yo a la derecha la pareja hizo la misma operación, la mujer tirando del brazo de su pareja y yéndose los dos hacia atrás.

Me quedé como se queda cualquiera en tales circunstancias, totalmente destrozado. Era incapaz de entender nada. ¿Cómo era posible que pudieran acabar de esa manera dos vidas humanas? De poco servía que otros conductores, que presenciaron el accidente, me consolasen diciendo que de ningún modo fue culpa mía, que lo que me había pasado a mí les pudo haber pasado a ellos. Recuerdo que apunté los nombre de tres conductores por si necesitaba testigos. De hecho no hicieron falta, puesto que el juicio no se celebró por ser sobreseída la causa y no reclamar la familia de los fallecidos.

La reacción en el cuartel fue muy de familia militar. Me insistían los jefes que no me preocupase de nada, que ellos se encargarían de todo. A lo más, me decían, podía mandar un ramo de flores y que poco menos que aquí no había pasado nada. Yo insistí que esto me concernía a mí y que haría las cosas a mi manera. Pude hacer uso de influencias familiares y conseguir que el seguro pagase a los cinco hijos de los fallecidos un millón de pesetas más de lo estipulado por ley. También encargué a un abogado que resolviese todos los problemas de la Seguridad Social. Lo más duro fue, por supuesto, entrevistarme con los hijos y los padres de los fallecidos. Fue la media hora más larga de mi vida.

En aquellos días no estaba para leer ningún periódico. Posteriormente supe que en Madrid se había titulado «El nieto de Franco mata a dos personas». Si no existe mala leche, que baje Dios y lo vea. Aquel titular en concreto me produjo unas náuseas y un asco fácilmente comprensibles.

De todos los hermanos, quien más ha consumido ríos de tinta ha sido sin duda mi hermana Carmen. Su problema fue sencillamente que su matrimonio no funcionó, al igual que no funcionan otros muchos. Con el tiempo se enamoró de otro hombre. Yo me descubro ante su decisión para afrontar la vida como le vino y con sus consecuencias. Yo sé que fue muy duro para Carmen plantearle a mi abuela su problema y decisión. Carmen, de siempre, ha sido la favorita de la abuela y sabía mejor que nadie el daño que podía causarle a una señora de profundas creencias religiosas. Carmen siempre tuvo el apoyo de mi madre, y creo que también la abuela comprendió que era preferible verla feliz. Quien no ha encajado el viraje en la vida de Carmen ha sido mi padre.

Estando así la familia sometida al pim-pam-pum de la prensa, la aparición de Jimmy Jiménez Arnau fue vista, por algunos de nosotros, como la llegada del séptimo de caballería que venía al rescate. El pintoresco Jimmy, que de entrada era innegablemente simpático, tenía sin duda profundos conocimientos del mundo periodístico. También tenía Jimmy, y supongo seguirá teniendo, una increíble imaginación, virtud o vicio según se mire, que paseó a sus anchas en un libro acerca de su vida con mi hermana Mery.

La irrupción de Jimmy en el escenario familiar fue, al principio, del agrado de todos. Nos alegrábamos de que con Jimmy, Mery había encontrado una estabilidad sentimental que buena falta le hacía. Después ocurrió lo que tenía que ocurrir con tan singular personaje, producto de la literatura picaresca, y las fortunas de Jimmy cayeron en picado.

Tomó su venganza con un libro que fue una fiesta de su frenética fantasía. Contar, como lo hizo él, que tuvo que cortarse un dedo para así manchar de sangre las sábanas en la noche de bodas era cuestión de locos, al margen de que no era como mínimo elegante contarlo, de ser verdad, si bien es cierto que eso poco le hubiera importado. La cuestión es que era absurdo. Era enloquecedor que alguno de la familia pensase que Mery era virgen la noche de bodas. Más enloquecedor aún era creerse o hacer creer que la familia se dedicaba a inspeccionar las sábanas.

Con todo, Jimmy tuvo su lado positivo. Tardó poco en convencernos de lo obvio. «Si la gente paga dinero por enterarse de vuestras vidas privadas —argumentaba Jimmy— y las revistas se inflan de ganancias gracias a destruir esa privacidad, ¿por qué no sacar provecho de esas circunstancias?» La lógica era aplastante y Jimmy era el profesor en el no tan fácil arte de promocionar la propia imagen, por no decir la de los demás. A partir de entonces algunos miembros de la familia, entre los que me incluyo, decidimos negociar con las revistas. Los explotados de la prensa del corazón se convertirían en explotadores a la vez.

Con el tiempo uno llega a hacerse experto en la venta de la imagen. Los buenos vendedores de su propia notoriedad saben muy bien qué venden, cuándo lo venden y a quién se lo venden. Precisamente por ser un club de especialistas, el *Hit Parade* de los famosos de la prensa del corazón no varía mucho. Dejando de lado a los que pertenecen propiamente al mundo del espectáculo, son muy pocos los que consiguen que el gran público se interese en su vida privada. Con frecuencia, los de este reducido grupo de élite se sirven unos de otros para escalonar los peldaños de la fama y cotizar su imagen. Así Philippe Junot se valió de Carolina de Mónaco y Giannina Faccio se valió a su vez de Junot.

Mi hermana Carmen fue muy cotizada en su día, aunque con el tiempo decayó algo el interés por su vida. Para ganar dinero es fundamental evitar las salidas en la prensa del corazón que sean absolutamente anodinas, al igual que es imprescindible procurar medir bien la frecuencia de estas apariciones en las distintas revistas. Los buenos en esta cuasi-profesión se afinan muy bien a los distintos públicos lectores. Si no lo saben hacer ellos, encargan esta labor a agencias de relaciones públicas que cobran su porcentaje. Si el que vende su imagen es de escala internacional, los agentes podrán situar el reportaje en revistas de todo el mundo, pues la avidez del gran público por leer las pequeñeces de la vida de los famosos de ningún modo se limita a España. Los más modestos, que llevan su propio negocio, tienen en su listín varios teléfonos de fotógrafos y periodistas amiguetes y tienen línea directa con los editores y directores de las publicaciones correspondientes.

Poco a poco, con el tiempo, se establece un entendimiento beneficioso para ambas partes. El famoso cobra a precio de mercado y consigue controlar su imagen. La revista se asegura de exclusivas para aumentar su tirada. El lector, al fin y al cabo, siempre tiene la opción de interesarse o no por la vida del famoso y de comprar o no la revista que revela las intimidades del sujeto. Los precios que se cobran fluctúan; las cifras, sin ser nada despreciables, suelen ser bastante menores de lo que se publica. También se exagera mucho. De mí se llegó a decir que cobré dos millones por contar que dejaba el Ejército. Más quisiera yo haber visto ese dinero.

Indudablemente tiene sus ventajas jugar a la ruleta de la revista del corazón. En discotecas no te suelen cobrar la entrada y a veces ni la copa. Siempre es más fácil que el comerciante se fíe de tu che-

El verano había sido sangriento y culminó con la ley antiterrorista del Gobierno Arias. (Capilla ardiente del teniente de la Guardia Civil Antonio Pose Rodríguez, asesinado en Madrid en agosto de 1975.)

La última aparición pública de mi abuelo fue en la manifestación convocada en la plaza de Oriente para rechazar las críticas al régimen venidas del exterior.

que. En general el ser reconocido tiene su erotismo. Pero también existen los inconvenientes. Si bien en unas situaciones se le puede sacar dinero, en otras te creen millonario y te clavan.

Un inconveniente añadido, en el caso mío y de mis hermanos, es encontrarse de pronto, en los lugares más insospechados, con los amores imprevistos de los auténticos admiradores del abuelo. En este caso hay que procurar ser simpático, agradable y atento, mientras se escucha con paciencia interminables historias acerca del abuelo y uno accede con una sonrisa a dejarse fotografiar con tan espléndidos franquistas de pro.

Mayores contratiempos producen los de signo contrario. El camarero que se entera quién eres y decide no servirte. También existe el antifranquista químicamente puro y mal educado, con quien puedes toparte en cualquier reunión, que te retira el saludo y te da la espalda. Peores aún son los representantes de otro subgrupo, los moralizantes puritanos estrechos. Éstos se encargan muy bien de hacerte comprender el desprecio que sienten por ti, a quien creen ser nada más que un *play-boy* vacío de ideas, cuando no un chulo sin salvación posible.

Con unos y con otros uno aprende a convivir. Sobre todo uno aprende muy pronto que hay que rodearse siempre de un muro de desconfianza cara a quien no se conoce y a quien se cuenta algo. Es absolutamente necesario medir todo lo que se hace en público. Basta que te emborraches una sola vez en público, y que se cuente, para que la pequeña anécdota cobre dimensiones inauditas. Llevarás contigo el estigma del alcohólico irredimible hasta que la gente se olvide o se dedique a criticar a otro por otra cosa.

Creo que el mayor inconveniente de la mayoría de los miembros de mi familia es la falta de espontaneidad. A mi madre creo que es a quien más le ocurre esto. Es quien más tiempo e intensidad ha estado sometida a fuertes condicionantes como los que he referido. Por ello, siempre que puede sale de España.

Yo de pequeño era muy introvertido. Ahora, aunque sí en parte, no lo he superado del todo. Cuando me encuentro en el extranjero, en casa o con un pequeño círculo de amigos, soy como soy y no disimulo. En cuanto que en una reunión hay alguien que no conozco lo suficiente como para confiar en su discreción, me pongo la armadura. Mi espejo es el prójimo o la prójima, dependiendo del caso. Según me he visto reflejado doy un aire de desconfianza, desinterés y rigidez. Me coloco en la situación del observador, mediando raras veces en las conversaciones. Es una lástima, puesto que sé haber perdido numerosas ocasiones de conectar con personas que valían la pena.

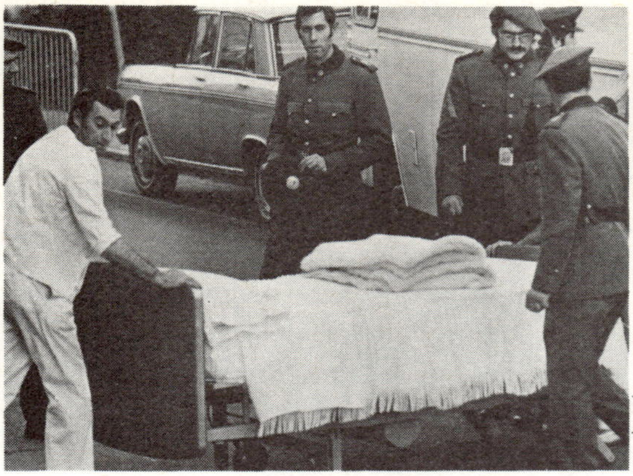

El final se deslizaba a partir de la primera intervención quirúrgica llevada a cabo con prisas en un quirófano de circunstancias que fue instalado en una sala de la Casa Militar. (La cama articulada de Franco es trasladada a La Paz.)

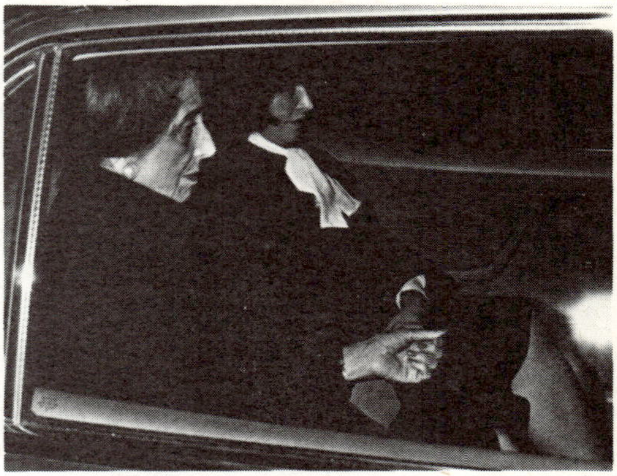

Con lágrimas en los ojos, mi madre increpó a los médicos, mi padre incluido: «¿Por qué no le dejáis morir en paz?» (En la foto, con doña Carmen Polo, dirigiéndose a la clínica de La Paz, el 19 de noviembre de 1975.)

Mi madre, durante todo este período, llevaba en su bolso el testamento del abuelo. Se lo daría a Carlos Arias Navarro nada más morir él.

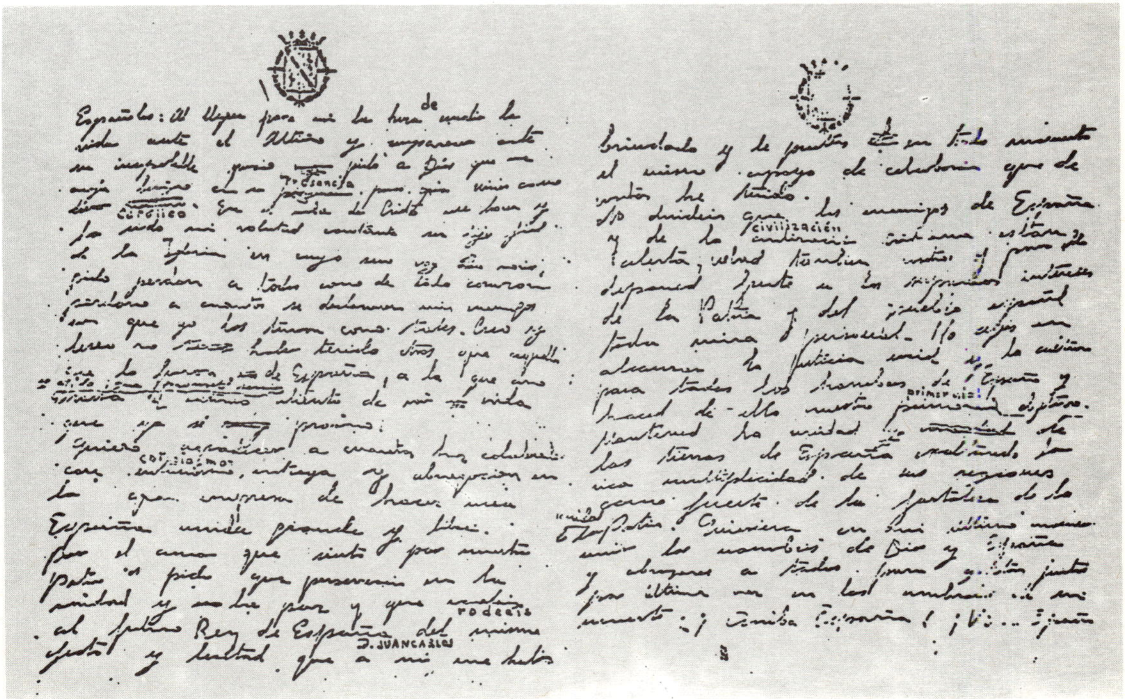

Españoles: Al llegar para mí la hora de rendir la vida ante el Altísimo y comparecer ante su inapelable juicio pido a Dios que me acoja benigno en su presencia, pues quise vivir como católico. En el nombre de Cristo me honro y ha sido mi voluntad constante ser hijo fiel de la Iglesia en cuyo seno voy a morir. Pido perdón a todos como de todo corazón perdono a cuantos se declararon mis enemigos sin que yo los tuviera como tales. Creo y deseo no haber tenido otros que aquellos que lo fueron de España, a la que amo hasta el último aliento de mi vida que ya sé próximo. Quiero agradecer a cuantos han colaborado con entusiasmo, entrega y abnegación en la gran empresa de hacer una España unida grande y libre. Por el amor que siento por nuestra Patria os pido que perseveréis en la unidad y en la paz y que rodeéis al futuro Rey de España D. Juan Carlos del mismo afecto y lealtad que a mí me habéis brindado y le prestéis en todo momento el mismo apoyo de colaboración que de vosotros he tenido. No olvidéis que los enemigos de España y de la civilización cristiana están alerta. Velad también vosotros y para ello deponed frente a los supremos intereses de la Patria y del pueblo español toda mira personal. No cejéis en alcanzar la justicia social y la cultura para todos los hombres de España y haced de ello vuestro primordial objetivo. Mantened la unidad de las tierras de España exaltando la rica multiplicidad de sus regiones como fuente de la fortaleza de la unidad de la Patria. Quisiera en mi último momento unir los nombres de Dios y España y abrazaros a todos para gritar juntos por última vez en los umbrales de mi muerte: ¡Arriba España! ¡Viva España!

3

De todos modos creo conocer bien y poderles ver ya de lejos a quienes se acercan a mí solamente con intereses determinados, para pedir favores y sacar provecho de una supuesta amistad. Resulta muy problemático hacer amistades nuevas. El hecho de que informaciones sobre mi vida privada valgan dinero crea una desconfianza natural cara al prójimo que no es fácil superar. No se me ocurre ahora ligarme a una mujer hasta estar seguro que es discreta y que lo único que le interesa soy yo, lo mismo que ella es lo único que me interesa a mí y que nuestra relación es nuestra y de nadie más.

A lo anteriormente escrito debo añadir que no creo que mi familia sea mejor ni peor que la mayoría de las familias españolas. En numerosas ocasiones la prensa se encargó de invadir nuestra privacidad, cuando no en calumniarnos impíamente. No buscamos la notoriedad, más bien todo lo contrario, pero la notoriedad nos fue impuesta. Se fomentó el cotilleo acerca de nosotros cuando menos lo quisimos. Si te ponen en una jaula a la vista de todos, pues entonces, al igual que para ver los animales en el zoológico, que cada uno pague su entrada. Yo no escogí nacer en la familia donde nací y me limito a jugar mis cartas lo mejor posible.

SEGUNDA PARTE

Caballero cadete

El teniente coronel Tejero el 23 de febrero de 1981.

CAPÍTULO VII

23-F, en el Alcázar de Toledo

Desde la habitación donde hablábamos se veían los muros y las torres, perfectamente medievales, del castillo de San Servando. Al salir del edificio, todavía hablando, el Alcázar, bañado por esa luz especial del caer de la tarde, ocupaba todo el primer plano. Desde esta perspectiva sólo se veía una punta de la catedral de Toledo. Entre el castillo y el Alcázar, con el rumor del Tajo entre ambos, la panorámica era netamente castrense. Era la perfecta puesta en escena para una conversación fuera de lo corriente y única en mis cinco años de preparación militar. Mis interlocutores eran dos buenos amigos, caballeros cadetes como yo en la Academia de Infantería de Toledo.

«La solución es dar un golpe de Estado sin darlo», decía Manuel, uno de mis amigos. Estábamos hablando en el plano teórico. Eran los comienzos de 1981. A lo largo de la hora de descanso habíamos pasado revista a la oposición de la izquierda política a la entrada de España en la OTAN, habíamos intercambiado ejemplos de seguridad ciudadana, habíamos puesto al día una «España invertebrada» en la cual el separatismo ganaba terreno, reparábamos en concreto en el poder político que tenía en ese momento Adolfo Suárez y su manera de ostentarlo y, sobre todo, discutíamos los ataques que recibían las Fuerzas Armadas bajo el prisma de una idea central que se resumía en la frase simplista «al Ejército no se le toma en cuenta». La conversación era teórica y uno de mis amigos echó mano de la metáfora: «Hay que dejar ver un poco las orejas del lobo.»

Ni antes ni después había conocido un ambiente de crispación igual que en aquella época. En el ambiente de Academia, en el cual me movía, pude constatar perfectamente que Suárez era el principal blanco de los odios. La idea generalizada era que el entonces presidente del Gobierno trataba a los militares de una manera auténticamente despectiva, como si fueran idiotas. Guste o no, la lealtad y el honor tienen sentido entre los militares y Suárez era la antítesis de tales conceptos. Irritaba profundamente que él, un hombre del Movimiento, se había dedicado a hacer pedazos la misma escalera por la cual había trepado. Esta falta de lealtad le descalificaba de entrada, pero iguales odios recogía por haber faltado a su palabra dada al principio de su mandato a las Fuerzas Armadas y haber legalizado el Partido Comunista. Si era necesario tener un espectro político donde estuvieran representadas todas las tendencias del pueblo español, no haber hecho promesas incumplibles. Al fin y al cabo así es la política.

Por si el memorial de agravios contra Suárez no era suficiente, se sumaba a lo anterior la indignación por los saltos de la escalilla de generales que llegaron a ser la norma en esa época. A diferencia de la norma seguida durante el período franquista, Suárez se paseó por la escalilla como Pedro por su casa, forzando los ascensos de todos aquellos que le eran fieles. El teniente general Manuel Gutiérrez Mellado, que hacía de tándem con Suárez, era fatalmente visto, excepto por un grupo muy reducido que buscaba su lugar al sol en aquellos puestos que concernían al Ministerio de Defensa. Al ministro de Defensa, Agustín Rodríguez Sahagún, nunca se le dio excesiva importancia. Tengo la impresión de que, para la mayoría de los oficiales y jefes, Rodríguez Sahagún no contaba.

Aquella conversación teórica no fue, en sus puntos esenciales, muy distinta a las claves que se dejaban entrever en una serie de declaraciones de aquella época que venían a pedir esencialmente lo mismo: «Un golpe de timón.» Recogiendo el hilo de aquella conversación, la conclusión era que había que buscar una manera de demostrar a los políticos que el Ejército y el Rey contaban. La función del Ejército sería despertar a la clase política de un ambiente de letargo y de frivolidad. Por supuesto había que dejar la figura del Rey a salvo, su papel de moderador era importante y su figura difícil de sustituir. Tampoco el Ejército podía asumir descaradamente el poder. Bastaba que las Fuerzas Armadas se quedasen a las puertas del poder y que quedase bien clara la fragilidad de la clase política si no contaba con sus ejércitos. Ese golpe de Estado no dado sería, según nuestra discusión teórica, suficiente para enderezar la cosa pública.

La conversación concluyó en mi camareta en los minutos que restaban antes de comenzar la hora de estudios, previa a la retreta y la formación para la cena. La camareta era una habitación sombría que compartía con tres caballeros cadetes. Además de nuestra cama y mesilla, cada uno teníamos nuestra mesa de estudio, una estantería y un corcho en el cual se solía poner una foto de la fami-

En la capilla de palacio hicimos el velatorio, íntimo y familiar.

El matrimonio de mis abuelos fue de aquellos que se puede decir son perfectos. Juntos era la armonía, la identificación mutua, la complementariedad, la fidelidad y la unión más absoluta.

Don Juan Carlos le dijo a mi abuela que mi abuelo y ella habían sido «como padres» con él. (En primer término, la marquesa de Villaverde, el autor y Mery. De pie, Carmen, el marqués de Villaverde, doña Carmen, el Príncipe don Juan Carlos, Franco, Mariola y la Princesa Sofía.)

Los Príncipes, desde hace años, pasaban casi un mes con nosotros, de mediados de julio a mediados de agosto, en El Pazo de Meirás.

lia, una foto de la Virgen, alguna foto militar de algún carro de combate, a veces algún escrito —el poema de Kipling dedicado a su hijo era bastante popular— y la orden del día que habría de seguirse en la mañana siguiente. Se admitía una foto de la novia, siempre que estuviera enmarcada y ésta apareciera en una actitud correcta. Los pósters suavemente eróticos de señoras de buen ver estaban rigurosamente prohibidos. Siempre pensé que aquellos corchos con sus manías familiares, militares y filosófico-conservadoras plasmaban con agudeza el pequeño mundo de la Academia Militar.

La conversación no fue típica, ni tampoco la hubiéramos mantenido de no ser amigos de confianza. Frecuentemente parece que se da la impresión que, entre los jefes y oficiales, no se hace más que decir pestes de la clase política. Según mi experiencia no era así. Muy al contrario, había que tener mil cuidados antes de hablar de cualquier tema político. Todos sabíamos de jefes y de oficiales destituidos de sus puestos, acabando en destinos incómodos, aburridos, alejados y sin mando alguno, por mantener conversaciones o versar opiniones bastante más inofensivas de lo que fue la nuestra. En el Ejército hay miedo de decir lo que realmente se piensa.

Días más tarde, fue al entrar en la camareta y serían las seis y media de la tarde, al comenzar el descanso, mis compañeros tenían la radio puesta. «Se acaba de dar un golpe de Estado en el Congreso», me dijo un compañero. A mí no me extrañó. De extrañarme algo, era lo mucho que habíamos afinado hacía tan sólo unos días. Como todo español, y como todo militar, tenía mis juicios de valor sobre los actores principales del 23 de febrero. De Antonio Tejero fue opinión formada a raíz de la intentona «Galaxia». En el ámbito militar en el cual me movía, no se daba importancia al complot de 1978 del café Galaxia. Se pensaba que todo aquello parecía una maniobra antigolpe. Se trataba de desanimar a potenciales revoltosos.

El complot Galaxia sirvió, sin embargo, para que se descubriese a Tejero como un técnico en todo lo referente al golpe de Estado y como un hombre dispuesto a ir hasta los límites. Le veía como un guardia civil cuyo único pasatiempo era soñar con golpes de Estado. Experto en el tema, era un útil hombre de acción. Había que pincharle muy poco, darle la más leve indicación de apoyo, para que él comenzase a rodar.

De Alfonso Armada tenían el concepto de un hombre tranquilo, suave, un típico ejemplo de moderación. Era gris, casi más político que militar. Desde luego, no era persona exaltada a quien le sudase la pistola. Jaime Milans del Bosch, por el contrario, era militar cien por cien. Su prestigio dentro de las Fuerzas Armadas era innegable.

Se decía de él que toda unidad bajo su mando funcionaba mejor tanto en lo social como en lo militar y táctico.

Milans del Bosch y Armada no podían ser más distintos en cuanto a personalidad, pero se les reconocía a ambos un denominador común que se suponía era una inquebrantable lealtad al Rey y a la institución monárquica. Incluso se pensaba que solamente ellos tenían ascendencia sobre el Rey y capacidad para mover sus decisiones. En aquel entonces el concepto de Monarquía no estaba que digamos arraigado en el Ejército, como tampoco lo estaba en tantos otros sectores de la sociedad española. Milans del Bosch y Armada, con su acentuado entusiasmo por todo lo concerniente a la Monarquía, entusiasmo que en el caso de los dos tenía larga tradición familiar, eran más bien excepciones a la norma.

Por mucha crispación que pudo haber en el ambiente militar, la vida en la Academia Militar de Infantería de Toledo, al menos, seguía su rutinaria y pausada vida impertérrita. El 23 de febrero de 1981 la diana fue, como tenía que ser, a las seis y media. En Toledo la «dianilla» era maravillosa, pues no había que formar. La idea era que cada uno se levantase en su camareta y que hiciese una hora de estudio antes del desayuno. Yo siempre he sido un animal nocturno, incluso para los estudios, y seguía en la cama hasta las siete y media. A esa hora sí que había que levantarse, pues contaban a los alféreces y se daban novedades al entrar en el comedor a desayunar. Muchas veces he pensado que en el Ejército se pierde mucho tiempo contándose unos a otros.

El régimen en Toledo podía ser agobiantemente intensivo. Aquel día nada más desayunar tocaba una clase teórica en la cual un capitán explicaba cómo organizaba un grupo táctico acorazado su ataque. Punto por punto se aprendía la lección.

En primer lugar el jefe del Grupo Táctico, dependiendo de la orden recibida de la Brigada, efectuaba su planeamiento inicial. Acompañado de miembros de su Plana Mayor, jefes de unidades de apoyo y subordinadas y personal de transmisiones y protección efectuaba el reconocimiento del terreno. Con lo observado concretaba su plan de maniobra en una Orden de Operaciones. Posteriormente venía la orden para el ataque y su ulterior ejecución.

El capitán instructor exponía los principios generales en la pizarra y hacía uso de un proyector de transparencias, una y otra vez sacaba a los alumnos para que desarrollásemos la teoría. Cada uno teníamos como una biblia el reglamento en el cual se explicaban los distintos avances en diferentes terrenos y coyunturas.

A continuación tocaba la clase de armamento, en la cual se estudiaba, en este caso, el misil contracarro Milán, de pe a pa hasta la última tuerca. El régimen imperante en Toledo, como lo había sido toda la carrera, era de evaluación continua, con la cual estos ínfimos detalles de tuercas había que aprenderlos bien en su momento, para luego olvidarlos y memorizar nuevos datos de distintos armamentos.

La tercera clase de la mañana era inglés o mejor dicho el lenguaje técnico militar de los manuales militares americanos. En estos manuales estadounidenses se explicaba la materia de una manera concisa y práctica que contrastaba con las teorías del reglamento español, en el cual lo normal era irse por las ramas y hacer complicado lo que de hecho podía ser sencillo. Me llamaba la atención que estos manuales americanos eran de hojas sueltas con anillas y así estaban siempre al día, pues continuamente se variaban con las últimas novedades de teoría o de armamento. El reglamento español, por el contrario, era un libro fijo editado por el Servicio Geográfico que quedaba desfasado cada par de años, obligándonos a todos a comprar la nueva edición, aunque no eran más que unos cuantos párrafos los que habían variado.

Todavía quedaba tiempo por la mañana para hacer un *cross* de ocho kilómetros por el campo de maniobras, detrás de la Academia, antes del rancho de las dos. Por la tarde hacíamos prácticas de mando, repasando todo lo que se había estudiado por la mañana. Según tocaba, cada uno hacía de jefe de Grupo Táctico, de jefe de Compañía, o Sección, o de miembro de la Plana Mayor. Fue a la vuelta de las prácticas cuando supe que Tejero había dado el grito de «Todos al suelo».

A partir de ese momento me quedé en la camareta, salvo la hora de la cena, intentando captar información, cambiando de frecuencias en la radio y observando a mis compañeros. No hice ninguna llamada por teléfono puesto que en Toledo, al igual que en Zaragoza, los teléfonos eran escasos y aquella noche para mí, como para cualquier otro cadete, hubiera sido imposible comunicar con el exterior. No era momento de hacer análisis de lo que estaba ocurriendo. Solamente observaba.

En las camaretas la gran mayoría estaba expectante, callada y alucinada. En su fuero interno cada uno estaba pensando cómo posiblemente cambiaría su vida. Desde luego, había algunos que no podían ocultar su alegría. Hubo un número mucho más reducido que se suponía estaba indignado ante el acontecimiento. A los de este pequeño grupo se les podía notar caras contrariadas e incluso hubo algún comentario aislado del orden de «parecemos una república bananera, un país de chirigota, vaya imagen que estamos dando». Yo me abstuve de hacer comentarios.

A las nueve, como de costumbre, pasábamos la lista de retreta y

De izquierda a derecha, don Gonzalo de Borbón, Rafael Ardid, el autor, Mery y Francis.

En el Valle de los Caídos, luciendo un chaqué prestado que me estaba pequeño, llevé el féretro, junto con mi padre y mi hermano Francis y los ayudantes, hasta la entrada de la basílica.

Intuía ya que todo el odio que se podía tener al abuelo se extendía ahora, en revancha, estando él ya muerto, a la familia.

Edición nacional

EL TIEMPO EN ESPAÑA: El potente anticiclón empieza a debilitarse para dejar paso a un sistema frontal que atravesará la Península de norte a sur. Afectará débilmente con su tiempo inestable y revuelto, sobre todo a la mitad septentrional, Andalucía y litoral mediterráneo con riesgo de chubascos aislados y nevadas en las cordilleras Central, Ibérica y Pirineos. Descenso moderado de las temperaturas y vientos del norte. ZONA DE MADRID: Nubosidad variable con algún chubasco en la sierra.

Diario16

INFORMACION Y PUBLICACIONES, S. A.
Presidente: Luis González Seara Director general: Juan Tomás de Salas

Línea directa

Si conoce una deficiencia, un problema o un abuso que merezcan la atención de sus conciudadanos, recurra directamente a este diario. Escriba preferentemente o llame al teléfono de Madrid 259 68 75. Esta es su "línea directa" con D16. Todos los días encontrarán respuestas a sus consultas o publicación de sus noticias en las páginas del periódico o en la sección correspondiente en página 16. Recuerde que su caso queda siempre mejor explicado por escrito.

Director: Ricardo Utrilla MADRID, VIERNES 19 NOVIEMBRE 1976 Año I-Núm. 29/10 ptas.

ADIOS DICTADURA ADIOS

luego la cena. El capitán de servicio dijo escuetamente: «Todos sabemos lo que está ocurriendo, vamos a seguir con calma y esperar lo que sea.» Éste fue el único comentario que escuché de un mando a lo largo de aquella noche. El que quiso escuchó el mensaje del Rey por la radio en su camareta. Los hubo que ni siquiera lo escucharon por estar ya dormidos. La falta de sueño era una constante a lo largo de la carrera. Jamás se pudo constatar mejor que una Academia militar es un mundo aparte. En Madrid el Congreso de los Diputados podía estar tomado, pero en la Academia de Toledo, y supongo que al igual que en otras instituciones similares, aparentemente no ocurría nada. Al oír el mensaje del Rey, los que nos habíamos mantenido en vilo ya nos dormimos pensando que la situación estaba controlada.

A la mañana siguiente desperté con la conclusión, propia del régimen de internado en el que vivía, que lo ocurrido había sido «la revista del sábado». Esta revista se pasa justo antes del toque de «marcha», tras lo cual se puede salir a la calle. El capitán te inspecciona de arriba abajo cualquier fallo. El no tener el cinturón suficientemente brillante, sin ir más lejos, supone quedarte en la Academia el fin de semana. Para mí esta revista era la manera que tenía el mando de decirte que si bien salías día y medio y una noche, el Ejército te seguía controlando y podía con una orden anularte lo que más ansiabas. Para mí, el grupo que entró en el Congreso el 23-F había sometido a la clase política a la revista del sábado. A la vez era una manera de enseñar las orejas del lobo.

No me cabe la menor duda de que el abortado golpe de Estado influyó palpablemente en el curso político. Se consiguió, a pasos acelerados, el ingreso en la OTAN. Hubo un nuevo planteamiento del orden autonómico. La moderación política era la orden del día. Las Fuerzas Armadas fueron tratadas con sumo tacto y respeto. El Rey consiguió una base popular que indicaba que la Monarquía había echado raíces en el pueblo español. Bien es cierto que la circunstancia era curiosa y única en la historia a mi entender, pues el mayor entusiasmo por Juan Carlos estaba, digamos, en la izquierda política y no precisamente en la derecha.

El hecho de que las consecuencias del abortado golpe fueron tales como las he descrito, dio pie a que en ciertos sectores, sectores que yo conocía, se pensase que todo había sido un montaje. En estos sectores se entendieron los acontecimientos como una maniobra política, refiriéndome a la Política como ciencia del poder. El video del golpe, con el dramatismo que encerraba, ocultaba un guión infinitamente más complejo. Tejero, el técnico del golpe, ni por asomo tenía el guión completo. Para estos sectores no cuadraba el que por error una cámara hubiese podido filmar lo ocurrido en el Congreso de los Diputados. Por último, extrañaba el confinamiento en habitaciones separadas de algunos personajes políticos. En una habitación Suárez, en otra Fraga, Felipe y Carrillo. ¿No estarían separados dependiendo del nivel de información que sobre el golpe tenían?, oí decir en alguna ocasión.

Academia General Militar de Zaragoza.

CAPÍTULO VIII

El no ser y el ser militar

En la Academia no deja de impresionar, y mucho más me impresionó a mí, la presencia viva de la memoria del abuelo. Es lógico si se recuerda que fue él su creador. Dominando la puerta principal del edificio está una estatua ecuestre de mi abuelo. Entre los aspirantes a oficial existe la superstición que si antes de ingresar vieras los cojones del caballo no ingresas. Aunque parezca mentira los hubo quienes durante el año de selectivo concienzudamente evitaban poner los ojos en ese fatídico punto del caballo. Está presente en retratos, en fotos y en lemas, que, con referencias al honor, el servicio y la disciplina, se reparten tanto en las paredes de los pasillos como en salas de uso común.

A todo caballero cadete le impacta su primer contacto con la Academia General Militar. Es un edificio importante, de categoría, que cuida la estética y realza la carrera de las armas. Está construido, según el antiguo diseño, con un patio central del cual salen las distintas naves. Era todo un contraste con el acuartelamiento General Luque donde hicimos el año selectivo. Éste, que estaba situado a un kilómetro del edificio de la Academia, era un cuartel normal y por lo tanto sobrio, construido con los mínimos medios y hasta algo chapucero.

El eje central del edificio de la Academia General es la escalera del cañón, llamada así por deferencia a un antiguo artefacto que monta guardia al comienzo de los escalones. Lo que más distinguía la escalera eran unas estrofas de Calderón de la Barca que estaban a la vista de todos y que todos acabábamos por conocer de memoria. Más de tres siglos después de su muerte el canto de Calderón de la Barca seguía vigente en el Ejército español:

Aquí la más principal hazaña
es obedecer
y el modo en que ha de ser
es ni pedir ni rehusar.

Aquí en fin la cortesía,
el buen trato, la verdad,
la fineza, la lealtad,
el valor, la bizarría,
el crédito, la opinión,
la constancia, la paciencia,
la humildad y la obediencia,
fama, honor y vida son.
Caudal de pobres soldados
que en buena o mala fortuna
la milicia no es más que una
religión de hombres honrados.

Calderón de la Barca, aparte de la escalera del cañón, tenía su literatura viva. Según la tradición de la Academia, los nuevos del primer curso tenían como obligación el intentar subirla. Esto, igualmente por tradición que imponían a rajatabla los «retras», los de tercer curso, les estaba terminantemente prohibido a los nuevos.

Como la tradición marca el hito de las instituciones como la Academia General Militar, ocurría que a los diez días de llegar a Zaragoza, cuando los nuevos ya se encontraban un poco más sueltos, tocaba el episodio de intentar subir la escalera.

Año tras año se repetía el fracasado intento. Al acabar la cena los nuevos se ponían de acuerdo y salían en bloque con las miras puestas en el primer piso. Igualmente de acuerdo, los retras del tercer curso se encargaban de impedir la maniobra, formando una masa humana a partir del primer escalón. A lo largo de tres cuartos de hora largos, y a base de empujones y bofetadas, los nuevos conseguían subir dos o tres escalones. Desde el primer piso, los retras arrojaban cubos de agua y cantaban «no subirán, no subirán, la escalera aunque todos quisieran, los novatos de la General». Al rato el desafiante refrán, cantado a ritmo de tuna, y los gritos al pie de la escalera eran remplazados por voces de «queo, queo». El mando hacía acto de presencia y todos se dispersaban a prisa y corriendo. Generalmente unos cuatro o cinco de los novatos, los últimos en quitarse de en medio, quedaban arrestados.

La batalla de la escalera del cañón era fomentada por el mando. Según su esquema, los empujones y las bofetadas formaban espíritu de promoción. La nueva promoción tenía que estar en su sitio y no podía desplazar a la más antigua, a pesar de lo cual tenía que intentarlo.

Las novatadas, impuestas por los retras, eran una constante durante las primeras semanas de vida en la Academia. Vivíamos en

Había comenzado la crítica dura e implacable a la figura de mi abuelo.

El máximo condicionante en mi decisión de ingresar en el Ejército fue la admiración que siempre he sentido y siento por mi abuelo. (El autor en el campamento selectivo de Toro.)

Carmen, tanto como Francis, sufrió más que ninguno de nosotros las influencias, por no decir coartadas, de ser nieto de Franco. Fue una víctima evidente de sus circunstancias. (En la foto, junto a su madre; en el centro, y de perfil, Franco; en el extremo de la foto, Alfonso de Borbón Dampierre.)

unas naves de sesenta camas donde estábamos entremezclados los retras y los nuevos. Ahí, en la nave, los retras organizaban carreras desde una punta del dormitorio hasta la otra. Esta olimpíada de los nuevos consistía en carreras, de dos en dos, en las cuales había que saltar por encima de una cama pasando por debajo de la siguiente y así sucesivamente. También en la nave, el nuevo tenía que someterse a ser encerrado en su taquilla, el armario metálico que todo cadete tenía enfrente de su cama, y ahí, una vez encerrado, tenía que desenvainar su sable mientras silbaba una canción.

Igual de humillante era la novatada conocida como «la violetera», que se repetía año tras año con todas las nuevas promociones. Un retra le ordenaba formar a un nuevo delante de su taquilla y, al grito de: «Sobre el primer cajón a cubrirse, Ar», el nuevo colocaba su mano en el tirador del primer cajón, al igual que cuando se coge distancia en formación. A continuación, el retra daba la orden «firmes, Ar» y el nuevo bajaba rápidamente el brazo tirando a la vez el cajón al suelo. Si quedaba algo de ropa en el cajón caído, el nuevo era obligado a recogerlo y a pasearse por la nave gritando «violetera soy, violetera soy», mientras repartía sus calzoncillos, calcetines, pijamas o lo que hubiese dentro entre sus compañeros.

En cuatro ocasiones no tuve más remedio que someterme a la «violetera». Lo normal era que a cada uno le tocara esta estúpida farsa una sola vez. A mí me venían buscando, sin duda, para luego poder presumir de ello. De poco servía decirle a un retra que te dejase en paz de una vez. La tradición de las novatadas era que uno participara en ellas con buen humor.

A mí, en particular, las novatadas me parecían una estupidez de niños y nunca las forcé cuando yo alcancé el escalafón que me permitía hacerlo. Esta práctica quizá podía tener una razón de ser cuando se ingresaba en la Academia con 14 años como ingresó mi abuelo, pero seguir con ello a los 19 años cumplidos era una estúpida chorrada.

En el último análisis, la novatada no hacía más que humillar a la víctima. La filosofía era que había que tragar y cuadrarse ante la antigüedad. Pero lo cierto es que se fomentaba el despotismo y el servilismo y que estos vicios marcaban a unos y a otros durante el resto de sus carreras.

Había mucho margen para el despotismo, al estar institucionalizada una relación de «padre» e «hijo» entre el nuevo y el retra. En aquel primer año de carrera cada uno teníamos nuestro «padre», un retra que se encargaba de introducirte en la vida de la Academia, de enseñarte cómo se llevaban los correajes, etc. La contrapartida era que el nuevo le hacía la cama al retra, le sacaba brillo a sus botas y hacía más o menos todo lo que el antiguo podía ordenar. Hubo algún caso de total esclavitud.

En mi caso la contrapartida consistía en reírle las gracias a mi «padre», haciéndole creer que estaba extasiado con sus aventuras amorosas y eróticas, que eran fruto de su más bien pedestre imaginación. Le aguantaba su pedantería y en general me dejaba tranquilo.

La nave donde dormíamos era el lugar preferido para las novatadas. Pero éstas también se extendían al comedor, que era otro lugar de encuentro entre los retras y los nuevos. Aquí el juego consistía en preguntar a estos últimos toda una serie de datos acerca del orden del día o los nombres y apellidos de los mandos. Cualquier equivocación o duda daba lugar a una amplia gama de novatadas. Una especialmente pesada consistía en recibir la orden «a desierto». Esto era, sencillamente, la prohibición de beber durante las comidas, a lo largo del tiempo estipulado por los retras. A veces, el castigo se aumentaba al tener que comer, en este estado desértico, lo que en la Academia se llamaba «boloband» con pan. El boloband era una especie de empanada sequísima que resultaba uno de los menos afortunados logros de la cocina. Tomado como sandwich dentro de un chusco de pan, el boloband creaba auténtica sequía.

Si, por el contrario, los retras que estaban dispuestos a hacer valer su antigüedad eran bebedores, la novatada consistía en beber pelotazos. El pelotazo había que tragarlo de un solo sorbo. Podían ser pelotazos de vasos de agua o de vino, llamándose los primeros pelotazos de 120 y los segundos de 60 de acuerdo con los calibres de los morteros de infantería. Terminado de un solo trago el pelotazo de vino, grande o pequeño según se había ordenado, el retra ordenaba al nuevo: «Novedades.» Entonces había que dar la vuelta al vaso. Si caía una gota de vino del vaso, tocaba otro pelotazo. Dos gotas de vino, dos pelotazos más.

Hasta tal punto estaba institucionalizado y fomentado el sistema de las novatadas, que a principios del segundo trimestre se celebraba lo que se dio en llamar «el día del nuevo». A lo largo de esa jornada, la tradición era que los papeles se invertían y que el nuevo podía hacer pasar al retra las mismas estupideces que él había padecido. Aquel día marcaba una especie de paso del Ecuador. Se suponía que, a partir de entonces, el nuevo era aceptado. Las venganzas que el nuevo se podía tomar eran, sin embargo, limitadas, pues el retra conservaba la facultad de ordenar arrestos a quienes eran de promociones inferiores a la suya.

Es difícil sacar una conclusión positiva del fomento de las novatadas y de la obsesión de la jerarquización entre un año y otro. Me parecía un rescoldo decimonónico que no tenía justificación. Era curioso observar cómo los más serviles se convertían, a su vez y con la promoción siguiente, en los más déspotas.

No todo al llegar a la Academia fue la desilusión que causaban las novatadas. Tuve el privilegio de conocer al capitán Julián Ezquerro Serrano y, con el tiempo, el honor de ser su amigo. Julián era el profesor jefe de la doce sección y tenía el mando táctico de los sesenta caballeros cadetes que la formábamos. Era el encargado de nuestras prácticas de campo, además de ocuparse de varias de nuestras asignaturas. Para mí Julián, el capitán Ezquerro, se convirtió en un punto de referencia de lo que podía y lo que debía ser un oficial del Ejército.

Era riojano, bajito y con ojos azules muy vivos. Tenía unos 38 años y era padre de dos niñas y un niño, todos ellos pequeños. Era una persona con la cual llegué a poder comunicarme sin la necesidad de las palabras. Esto en realidad no fue difícil, pues destacaba por sus cualidades humanas y su capacidad de comprensión. Julián era una persona reposada y tranquila que difícilmente se salía de sus casillas. Desde luego no se pasaba la vida pegando gritos como lo hacían tantos mandos.

Se preocupaba por formar un espíritu de unión entre quienes estábamos a sus órdenes. Continuamente cambiaba y variaba los sitios en la clase y los puestos en el campo, para evitar que se formasen camarillas y procurar que todos se conociesen. Era un hombre abierto al diálogo y una de sus preocupaciones constantes era que cada uno desarrollase sus capacidades dentro y fuera de la esfera militar. Así alentaba las aficiones de cada uno y a mí, por ejemplo, no cesaba de darme ánimos para escribir. Con sabiduría me aconsejaba que siempre al escribir reflejase lo que realmente veía, sentía y pensaba. El ideal era ser fiel a uno mismo.

Fue una fortuna dar con Julián como mando inmediato en la Academia, pues a través de él la carrera de las armas cobraba una dimensión de humanidad que hasta entonces había carecido. Al contrario de tantos otros con quienes me topé vestidos de caqui, Julián era un hombre inquieto que contrastaba las informaciones. Leía periódicos de distintas opiniones y se esforzaba por recibir información de varias fuentes. Analizaba los momentos políticos con ecuanimidad y sin pasiones, por supuesto desde posturas conservadoras, pero de ningún modo inmovilistas.

Expresaba sus ideas y sus sentimientos por el Ejército de una manera exquisita, lírica y original en una serie de artículos que publicaba en la revista *Armas* de la Academia y en la revista *Ejército.*

Es un hecho constatable que el status social del militar de carrera en España ha sufrido un deterioro considerable. (El autor jura la bandera en la Academia General Militar de Zaragoza el 10 de setiembre de 1977.)

Carmen con su esposo don Alfonso de Borbón.

Las aguas empezaban a estar bastante revueltas en lo que concernía a la vida de mi hermana Carmen.

Foto retrospectiva: el autor con su hermana.

La fórmula que utilizaba era de repasar sus sueños en forma de cuento. Mantenía una postura de crítica constructiva frente al entorno militar. En sus escritos nunca llegaba a criticar directamente al mando, pero se dedicaba a indicar cómo, haciendo las cosas de una manera distinta, los resultados serían más beneficiosos para todos.

Uno de sus sueños era un Ejército apolítico. No un Ejército apolítico por falta de ideas, de criterios y de interés por la cosa pública. Tampoco aceptaba que la definición «apolítico» encerrara una encubierta postura de derechas a ultranza. Muy al contrario, lo que Julián postulaba eran unas Fuerzas Armadas que reflejasen todo el pluralismo de la sociedad y que la respetasen. A nosotros nos inculcaba que teníamos que estar abiertos a distintas informaciones y a diferentes puntos de vista, con el fin de formar parte de un Ejército de todos los españoles. Se esforzaba por hacernos entender que el oficial no era un autómata uniformado recreado en la monotonía y la rutina. Para Julián el oficial era ante todo un hombre.

A mediados del primer curso, la sección se encontraba en la sierra de Teruel desarrollando unas maniobras en campo de lucha que se denominaban guerrillas. Estas maniobras, que duraban quince días, se cernían a una hipotética situación de subversión rural. Los alféreces en la Academia hacían de mando, parte de los del curso superior hacían de terroristas en plena insurrección, mientras que los demás y nosotros, los nuevos, hacíamos de contraguerrilleros. Ocurrió que el pelotón en el cual estaba yo incluido tenía como misión proteger un polvorín que estaba en la mitad de un valle, perdido en el campo.

Parte del pelotón, armado hasta los dientes, estaba de guardia frente a los potenciales terroristas. A ésos, desde aquella posición, se les podría divisar desde muy lejos. El resto del pelotón, en el cual me incluía yo, estaba tranquilamente tomando el sol. Estando así en pleno reposo, la mala fortuna hizo que apareciese en el alto de una colina un Land Rover en el cual viajaba un oficial equipado de prismáticos. Más tarde supimos que era el capitán Ezquerro, que llevaba tiempo observándonos.

En el tiempo que tardó el Land Rover en bajar del monte y aproximarse a nuestra posición, mis compañeros de la siesta al sol se vistieron con rapidez y se incorporaron a los que estaban de guardia. Yo no me inmuté, pues pensaba que no infringía ningún reglamento y recibí a Julián todavía en bañador.

Semanas más tarde y en privado recibí de Julián Ezquerro la aprobación por mi postura. Su explicación de cómo uno ha de comportarse reflejaba a la vez su concepto de disciplina militar y su indudable humanidad y sentido común. Si sabes que estás haciendo mal e infringiendo el reglamento, llegó a decir, no lo hagas. Si por el contrario crees que estás en tu perfecto derecho, continuó, no lo ocultes.

Ésta era una lección que podía ser bien aprendida en tantos estamentos del Ejército. Con frecuencia pude comprobar cómo se echaba mano al recurso fácil del disimulo y del tapar y ocultar la ropa sucia. Así se ponían parches para ocultar la realidad de la situación a los mandos superiores. El anuncio de la llegada a la unidad de un mando importante suponía la puesta a punto de ésta, de una manera tan rápida como ficticia. Con alarde se ostentaba un material que se intentaba hacer pasar como la norma de la unidad, cuando en realidad esta ostentación indicaba, por lo general, precisamente la carencia de ese material. Era la continua tentación de hacer creer a los demás que se estaba en guardia y alerta cuando en realidad se estaba en bañador y tomando el sol.

A raíz del incidente, en la maniobra de guerrillas en la sierra de Teruel, me hice buen amigo de Julián. Él me daría la dimensión del Ejército que yo ansiaba. Él moriría vil y cruelmente asesinado por ETA estando yo todavía en la Academia de Zaragoza. De vivir Julián cuando yo decidí dejar el Ejército, creo que hubiera comprendido mis razones.

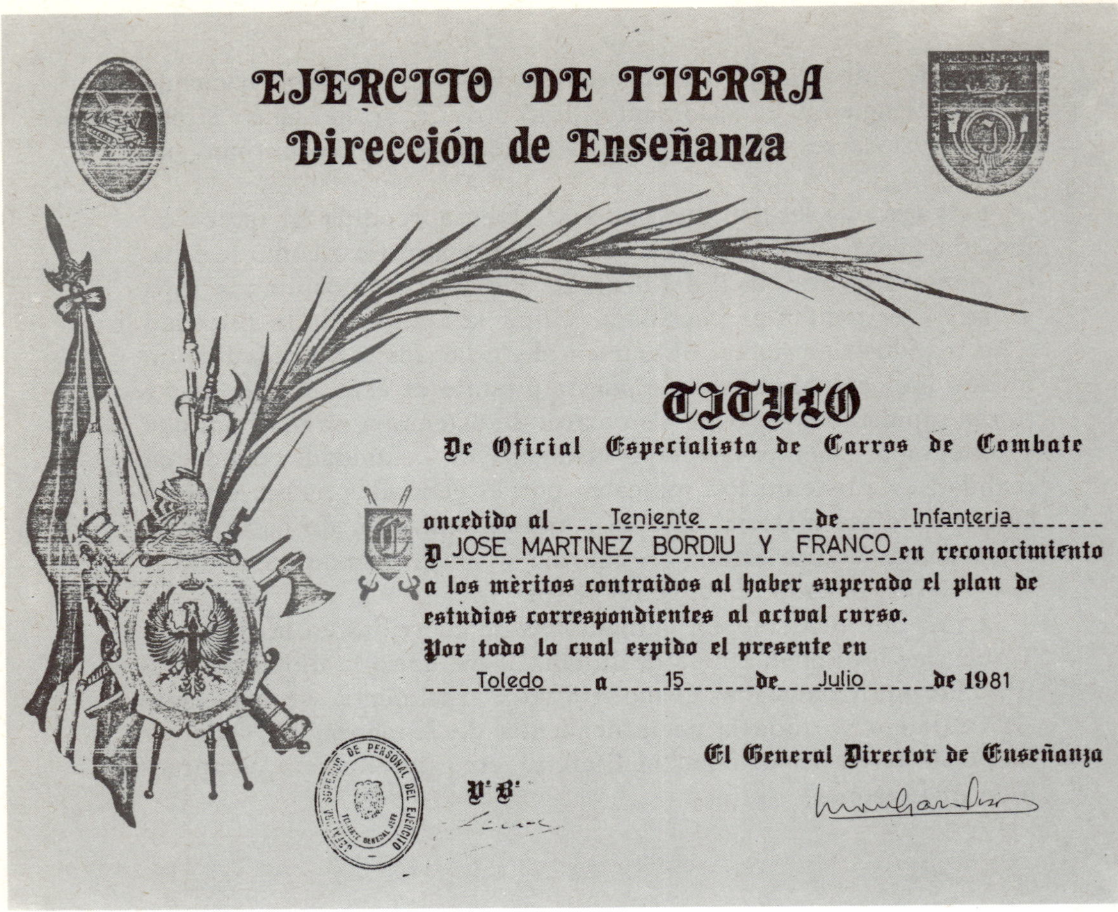

EJERCITO DE TIERRA

Dirección de Enseñanza

TITULO

De Oficial Especialista de Carros de Combate

Concedido al Teniente de Infanteria

D. JOSE MARTINEZ BORDIU Y FRANCO en reconocimiento a los mèritos contraidos al haber superado el plan de estudios correspondientes al actval curso.

Por todo lo cual expido el presente en Toledo a 15 de Julio de 1981

El General Director de Enseñanza

V.º B.º

CAPÍTULO IX

Póker de mandos

Fue en cierto modo un homenaje póstumo a todo lo que le debía a Julián, un reconocimiento de tantas cosas que había aprendido gracias a él, el que conseguido ya mi despacho de teniente eligiese destino en un regimiento normal. Lo común, entre los tenientes salidos de la Academia General, era optar por cursos especiales ya sea de helicópteros, de paracaidistas, de montaña, de submarinismo o de las COES, las compañías de operaciones especiales. Estos cursos duraban de seis meses a un año según los casos y había quienes se pasaban la mayor parte de sus años de teniente de curso en curso. Tal era la afición por esta variada vida, que llegó el momento en que un decreto ministerial tuvo que marcar los intervalos entre un curso y otro.

Esta digamos moda por los cursos le preocupaba a Julián. Según él, por mucha pericia que se consiguiese en una especialidad o en otra, ocurría que al final de cuentas había oficiales que pasaban su época de teniente sin conocer verdaderamente lo que era el soldado y sin ejercer el mando. Un consejo permanente suyo era el de no quemar nuestro ímpetu de recién salidos de la Academia en cursos especiales. Por el contrario, deberíamos de sacar el máximo partido de ese idealismo inicial, pidiendo destinos en regimientos normales y conociendo de verdad y de cerca lo que era el grueso del Ejército español.

Cuando ya en Canarias tuve mando en una sección, recuerdo que intenté poner en práctica una ética de mando que le debía a Julián. Ante todo intentaba moderar y modular los arrestos. Procurar entrar a fondo en estas situaciones sopesando tanto el sujeto como las circunstancias. Los arrestos solamente servían si eran justos y, por lo tanto, me esforzaba por asegurarme que el arresto no se debía a un fallo humano o a un despiste. Hacía mis indagaciones para saber si existían atenuantes o si, al revés, había agravantes. Por lo general en el Ejército cualquier fallo acaba en arresto sin entrar en los detalles, sin mirar la letra pequeña.

En la Academia había conocido a un mando auténticamente implacable, el coronel Vicente, jefe de Estudios, que era considerado como un hueso imposible de roer a lo largo de mis años de caballero cadete. Vicente imponía por su presencia, sobre todo por su gran tamaño, por su ojo izquierdo que parecía más abierto que el otro y por unas descomunales cejas que llamaban tanto la atención que era conocido simplemente por *el Cejas*. Como jefe de Estudios era el brazo derecho del general. Tenía un vozarrón muy militar y era muy duro en los arrestos.

Al principio pensaba que *el Cejas* se pasaba la vida metiéndose conmigo y me creó un cierto complejo persecutorio. Parecía que siempre encontraba mis botas no lo suficientemente brillantes, mi pelo no lo suficientemente rapado y parecía que siempre fallaba en algo al ponerme el uniforme. Por ello me sorprendí bastante al recibir una carta de Vicente que me felicitaba al llegar a ser alférez y me animaba a seguir adelante en la carrera. Esta inesperada muestra de cariño me hizo pensar que, curiosamente, era una manera típica del mando expresar afecto siendo especialmente crítico y duro.

La personalidad del coronel Vicente tenía una indudable influencia en la Academia durante mis primeros pasos en ella, porque el director entonces era el general Rey Ardid que era un hombre cuya labor de mando apenas se hacía sentir y casi un desconocido para la mayoría de los cadetes. Visto desde la perspectiva de un cadete más, el general de brigada Rey Ardid parecía no tener demasiado interés por conocer a fondo y de cerca la vida de quienes tenía a sus órdenes. Parecía que entendía como su misión el pasar por la Academia sin dejar su impronta personal. Creo que tenía problemas de salud y sabiendo que el reglamento existente era esencialmente el que había impuesto mi abuelo cuando fundó la Academia, prefirió dejar todo más o menos como estaba y desde luego no introducir innovaciones que podían ser motivo de crítica. Para mí era un leal y honrado jefe, que se decía a sí mismo que si Franco hacía esto y lo otro, quién era él para cambiarlo. Desde luego, no era ni muchísimo menos el único que había desempeñado ese cargo pensando así y obrando en consecuencia.

Entre mis mandos superiores ha habido muchos que admiraban profundamente a mi abuelo y a raíz de ello sentían gran afecto por mí. Un ejemplo muy marcado fue el del general Aramendi, director de Enseñanza. Era un hombre a quien, sin conocerle personalmente, llegué a tener antipatía. Muchas de las órdenes que yo pensaba que dimanaban de él, no me gustaban en absoluto. Sobre todo las que se referían a las fechas de los permisos. Era casi imposible saber hasta el día anterior al toque de marcha qué día iba a comenzar un permiso y qué día terminaría. Esto imposibilitaba organizar cualquier tipo de viaje o plan y por ello me fastidiaba. Éste era el concepto que el general me merecía estando yo en Toledo y tras haberle aguantado varios años como general director de Enseñanza. Un día me llamó a su despacho el jefe de Estudios, a quien apodábamos *el Paperas* debido a su abultaba papada. El general se había suicidado pegándose un tiro, sentado en el sillón de su despacho y frente a un retrato de mi abuelo. En una carta, sobre su mesa, explicaba sus motivos. Él había elaborado un proyecto de ley para el rejuvenecimiento de las Fuerzas Armadas. Este proyecto había sido posteriormente discutido y transformado en las Cortes antes de hacerse público. Más tarde se aprobó y divulgó con todas las rectificaciones, pero manteniéndose su firma. El resultado de la ley era tal que guillotinaba la carrera de la mayoría de sus compañeros de armas. Debía estar muy atado, pues su única salida fue el suicidio. En la prensa se dijo que murió en un accidente mientras limpiaba la pistola. En la misma carta en la que exponía sus razones pedía que fuera yo uno de los que llevaran su féretro en el entierro. Años antes había llevado el de mi abuelo y ahora llevaba el de mi general. Fue una experiencia muy fuerte. Cuando me acerqué a dar el pésame su viuda me dijo que su marido me había querido mucho y había depositado gran confianza en mi persona. Aquel episodio me mostró, entre otras muchas cosas, que nunca se debe juzgar a nadie y menos sin conocerlo.

Cuando estaba en primer curso de caballero cadete, Rey Ardid ascendió a general de división o pasó a la reserva, no lo recuerdo bien, y fue remplazado por el general Palacios. Con el cambio vino el contraste. Palacios era un hombre apasionado a quien le gustaban las arengas exaltadas. Estábamos en plena etapa de transición política y pensaba que Palacios intentaba templar sus entusiasmos, a pesar de lo cual le resultaba difícil ocultar su abierta admiración por la obra del abuelo.

Mientras que a Rey Ardid era dificilísimo verle, Palacios procuraba observar directamente tanto nuestras clases teóricas en las aulas como nuestras maniobras en el campo. Se introducía entre nosotros y nuestros profesores en los momentos más insospechados. A pesar de estas inesperadas intromisiones, era muy querido por sus subordinados.

Una de las ideas constantes del nuevo director era la de introducir incentivos positivos según los cuales, por ejemplo, a los caballeros cadetes con coeficientes elevados se les premiaba con permisos de fin de semana. Esta innovación pedagógica contrastaba con el clásico método de incentivos negativos, léase los arrestos.

En la Academia General Militar de Zaragoza, como en cualquier otra institución, el rumbo era marcado por la fuerza de la personalidad del director. Palacios era un hombre activo y enérgico tanto en sus ideas como en su capacidad de ponerlas en práctica. Una importante obra suya en su paso por la Academia fue el poner en funcionamiento real el llamado REC, el recreo educativo del cadete. Anteriormente existía una evidente apatía frente a este importante apartado de la vida de quienes vivíamos en la Academia. Con Palacios esta desgana dio un giro de 180º.

Él consiguió unos presupuestos que hicieron posible el habilitar pabellones para actividades no militares en los nuevos edificios que se estaban construyendo. Con esto se nos incrementaron sensiblemente nuestras posibilidades de descanso y de ocio al disponer de salas de lectura, de billar, de música y de ping-pong. Palacios fomentaba toda clase de aficiones, desde la fotografía hasta el aeromodelismo. En el invierno potenció las subidas a la Sierra para esquiar, remplazando los antiguos equipos de esquí del REC por otros nuevos, y se arreglaron unos veleros ya existentes y dejados de la mano de Dios para impartir en verano unos cursos de vela en un pantano cercano. La vida de todos mejoró sensiblemente. Por ello y otros muchos motivos fue elegido como padrino de nuestra XXXVI Promoción.

Palacios también creó la figura del padrino de Sección. El padrino era un mando que era elegido por la sección para actuar de portador y de representante de una serie de inquietudes que estaban fuera del área estrictamente militar y del servicio. Normalmente el padrino era el mismo jefe de Sección, aunque no siempre y en todo caso el elegido como padrino tenía una misión muy específica que era la de atender a nuestras peticiones.

Reunidos en grupo con el padrino los cadetes podían tratar temas que realmente afectaban sus vidas. Así se podían discutir toda una serie de temas que iban desde la calidad de las comidas y de la ausencia de agua caliente en las duchas, hasta los problemas de aislamiento que provocaba el tener sólo cuatro teléfonos al exterior para cientos de cadetes. Proponer tales temas a través de la cadena de mando era cuando menos asegurarse de una vía lenta, por no decir inútil. Por la cadena de mando tales peticiones pasarían del jefe de Sección al jefe de Compañía, al jefe de Batallón, al jefe de Estudios y, finalmente, al Director, cuando no al cesto de los papeles. En todo caso utilizar la cadena de mando para expresar quejas era tener la espada de Damocles encima de la cabeza, pues

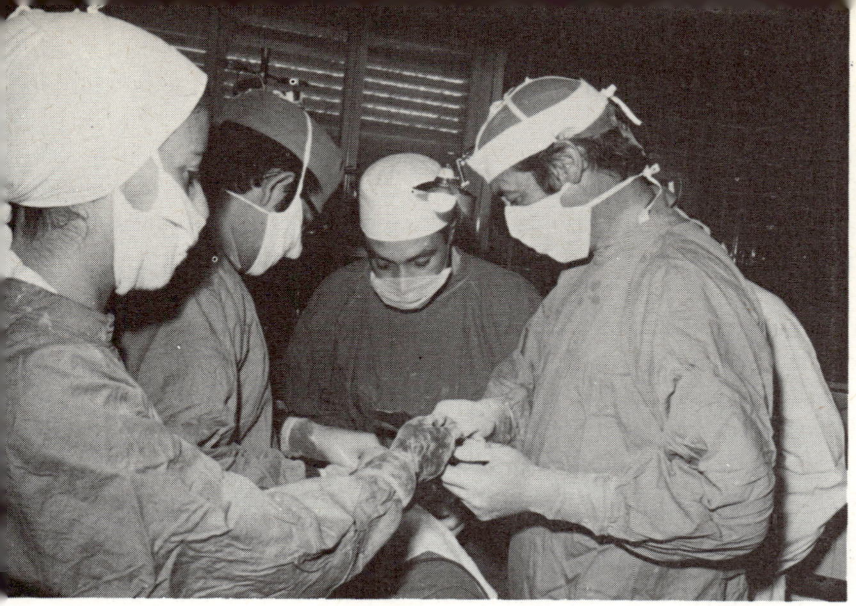

Francis había acabado ya la carrera de medicina y a la vez había decidido que jamás la iba a ejercer. A mi padre, que había depositado mucha confianza en él, esta postura de Francis le supuso un trauma. (En la foto, el marqués de Villaverde en una de sus intervenciones como cirujano.)

Me fastidiaba comprobar que se utilizaba la figura de mi abuelo para fines políticos concretos que yo pensaba ya no tenían razón de ser. Yo no llegaba a entender la virulencia de los partidarios de Fuerza Nueva, ni me hacía a la idea de que alguien como Blas Piñar podía ser un nuevo dictador.

uno se exponía al arresto inmediato. Hay que tener en cuenta que en la Academia se entendía al mando como al adversario y casi todos asumíamos el dicho según el cual «del mando y del mulo cuanto más lejos más seguro».

Con la figura de los padrinos esto cambió. La innovación de Palacios supuso la posibilidad de hablar con el mando de una manera relajada y sincera. La figura del padrino aseguraba que nuestras quejas, peticiones y sugerencias llegaban a los oídos de quienes tenían que llegar. Nuestro padrino elevaba nuestra postura a una reunión de padrinos que dependían del gabinete psicotécnico de la Academia, cuyo jefe despachaba directamente con el Director. Palacios se ocupó de reorganizar y reorientar el gabinete, que hasta su llegada había consistido, más bien, en un centro de recogida de datos.

La figura del padrino era de igual interés para el mando como indudablemente lo era para nosotros. A través del padrino los altos estamentos de la Academia podían aproximarse al mundo del caballero cadete y entender mejor sus problemas. Con los mandos, el diálogo del cadete solía ser inestable y forzado. Con el padrino, si éste sabía desempeñar su papel, era todo lo contrario. A pesar de esta vía de acceso que había introducido Palacios, no pude resolver a lo largo de mis años de Academia lo que para mí llegó a ser un problema obsesivo. Al comienzo de cada curso, en las primeras reuniones con el padrino de la Sección, siempre planteaba nuestra ignorancia del Reglamento Provisional para el Régimen Interior de la Academia. Éste era el código interno que marcaba los derechos y los deberes de los caballeros cadetes y marcaba también el régimen de los arrestos que podían ser impuestos por el mando. Yo unía este planteamiento a una petición de que a todos se nos diese un ejemplar del reglamento provisional que deberíamos tener como libro de cabecera. Sin embargo, nunca conseguí tener un ejemplar en propiedad y esto me molestó mucho, sobre todo porque, en una ocasión en la cual pude ojear rápidamente un ejemplar del reglamento que me había conseguido un mando, fechado en 1952, comprobé que en uno de sus primeros artículos se decía claramente que cada caballero cadete tenía que tener una copia.

A pesar de nuestra ignorancia del mismo, se invocaba continuamente el reglamento. Por la noche en la retreta el sargento galonista de turno decía casi inapelablemente, «según los poderes que me confiere el artículo tal del Reglamento Provisional para el Régimen Interior de la Academia, he impuesto el correctivo de tantos días de corrección al caballero cadete tal, por la falta tal». Los arrestos más leves, los de prevención y los de dormitorio, que no suponían pasar las horas muertas en el calabozo, aparecían en listas.

El reglamento también daba cuenta del terrible acto a seguir en el caso de la expulsión de la Academia. Según esta terrorífica puesta en escena la Academia entera se formaba en el patio con el expulsado en el centro. Se le acercaba el general y le arrancaba, uno a uno, los botones del uniforme. Supongo que los botones estaban convenientemente preparados, porque si no la tarea del general se le haría muy cuesta arriba. A continuación el general se dedicaba a arrancar todas las divisas, las hombreras y la estrella de seis puntas si se trataba de un alférez. El buquet final era que el general cogía el sable del expulsado y lo partía en dos. Se supone también que el sable estaría bien limado. Acto seguido el expulsado, completamente humillado, recogía sus maletas y se marchaba.

Que yo sepa sólo hubo un caso en la historia contemporánea de expulsión de la Academia. La expulsión era increíblemente grave, pues impedía comenzar cualquier carrera universitaria y aparecía en el certificado de penales. Desde luego hubo casos de caballeros cadetes que fueron forzados a pedir la baja ante la amenaza de expulsión.

La única expulsión de la cual tengo referencia ocurrió en los años cincuenta, siendo el expulsado uno que aparentemente era hijo de general y que acabó sus días muriendo en Argel, donde combatía con la Legión Francesa. Fue expulsado por haber emborrachado y violado a un compañero en una fiesta de entrega de despachos de teniente, celebrada en el campamento de María Cristina del campo de maniobras de San Gregorio. Este sujeto fue denunciado al día siguiente de la borrachera por su víctima violada. Entrevistado por el director, el cadete admitió tranquilamente la violación y dijo que no era el único homosexual en la Academia.

En mis cuatro años en Zaragoza y uno en Toledo nunca noté para nada un ambiente gay. La única proposición deshonesta que he recibido en mi vida me la hizo un oficial del aire americano que conocí durante una visita a la base de Zaragoza, a la cual habíamos sido convocados los que mejor hablábamos inglés.

Por desgracia el mandato de Palacios fue tremendamente corto. Desarrolló su intensa labor en poco más de un año, que coincidía con el primero mío de caballero cadete. Luego fue ascendido a general de división y tuvo que dejar el puesto.

El sustituto de Palacios fue el general Mariñas, que también estaba a punto de ascender, por lo cual no estuvo en Zaragoza más que cuatro meses. Es evidentemente perjudicial y contraproducente tener a directores de Academia como de poco menos que pasantes. Al ascender Mariñas estuvimos casi seis meses sin director, caso único en la historia de la Academia.

A mi juicio, el motivo de estos cambios de directores y, sobre todo, del largo intervalo en el cual no había nadie en la cúspide se debía a una decisión de Gutiérrez Mellado de nombrar director de la Academia al general Pinilla. El problema era que Pinilla tenía primero que ascender y a eso se debió el intermedio.

Al contrario de sus predecesores en el cargo, Pinilla no era diplomado de Estado Mayor. Su fuerte amistad con Gutiérrez Mellado era obviamente suficiente. A nosotros nos chocaba más el hecho de que era soltero y que se decía que había hecho voto de castidad. Yo siempre he pensado que es muy positivo que el director de un centro como la Academia sea padre y que tenga hijos de la edad de los cadetes. Pinilla, con su voz suave y tierna y su eterna sonrisa, parecía más bien un cura. No me extrañó nada el saber que años antes Pinilla había dirigido una escuela militar donde el ambiente era más bien el de un seminario y en el cual se rendía homenaje al concepto de mitad monje-mitad soldado. Además de un cierto fanatismo religioso, Pinilla había inculcado a aquel grupo que reunió, grupo conocido como Forja, unas determinadas ideas democráticas que luego se recordarían al estar varios de sus antiguos alumnos en la llamada Unión Militar Democrática, la UMD.

A Pinilla le podía haber dolido el que al llegar él a la Academia ya no era obligatoria la misa de domingo. Esto había sido otra innovación.

Como apunte curioso y ejemplo de que en España, entre los misa fuese voluntaria obedecía a los nuevos criterios de un Estado no confesional que establecía la Constitución. A Palacios, que era un hombre también muy religioso y de misa diaria, aunque no tenía la personalidad melosa de Pinilla, también le debió doler esta innovación. Como apunte curioso y ejemplo de que en España, entre los jóvenes, se va perdiendo el hábito religioso resultó que más de la mitad de los cadetes dejarían de ir a misa al ser ésta voluntaria. Yo, que dejé de practicar a los dieciséis años, era uno de los que prefirió dedicar la hora de misa al estudio. Mi abuela, por algún extraño conducto, se enteró del hecho y durante varios meses me insistió en que fuera. Me dolió no hacerle caso, pero pienso que las decisiones en lo referente a la religión han de ser internas.

En el trato Pinilla siempre se esforzaba por ser suave y mantener la sonrisa. Hacía buen uso de sus estudios de psicología, pero algunos pensaban que se pasaba en ello. Hubo compañeros que no entendían muy bien cómo estar con él y le tenían como un comecocos e incluso como un cínico.

El proyecto de Pinilla era, al igual que tantos proyectos de aquella época, un borrón y cuenta nueva. Al asumir el mando nos reunió

Con gran emoción, mi abuela me dio el sable de oficial del abuelo. La hoja del sable estaba labrada y llevaba una inscripción que decía: «Al comandante Franco Bahamonde sus amigos y admiradores de Ferrol, 1922.»

Fotos retrospectivas del autor con doña Carmen Polo.

La nieta de Franco con el culo al aire

Descubrimos el nuevo amor de Merry Martínez-Bordiu

«La nieta de Franco con el culo al aire.»
(Reportaje de la revista «Interviu».)

a los alféreces para exponernos sus directrices y la línea que iba a seguir. De una manera solapada nos dio a entender que iba a partir de cero.

A lo largo de esta charla inicial de Pinilla, yo me dediqué a tomar apuntes y según llenaba mi bloc de notas me quedaba más preocupado por lo que estaba escuchando. Aparentemente, todo el esquema de Pinilla era constructivo, pues él decía que estaba introduciendo ideas y aires nuevos. Yo era de los primeros en celebrar tal criterio. Sabía, lo mismo que lo vivía con criterio crítico, que la Academia estaba llena de fallos. Ante todo había una filosofía reinante entre el mando según la cual el cadete era poco menos que un delincuente, por mucho que se le llamara caballero. En general el mando desconfiaba del alumno y practicaba la política del palo y tente tieso. Hasta cierto punto, Pinilla podía representar toda una sana crítica frente a una política de enseñanza que se reducía a meter a todo el mundo en cintura según los cánones educativos de principios de siglo. Tales conceptos no eran de recibo en ningún estamento de la sociedad, salvo el de la Academia General Militar de Zaragoza.

Sin embargo, en toda la exposición de Pinilla a los alféreces, y muy a pesar de su afán de marcar nuevas directrices, a mí al menos me parecía que tenía mayor destreza en destruir todo lo anterior que en exponer, con clarividencia y sentido común, grandes soluciones a grandes problemas.

Pinilla, quizá por sus anteriores entusiasmos por Forja y desde luego por sus presentes vínculos con Gutiérrez Mellado, llegó a ser presentado como una especie de gurú del nuevo Ejército y de la nueva España. Su figura era tratada con sumo cuidado desde el ministro de Defensa hacia abajo y era ensalzada por la prensa progresista. La pura verdad es que casi todo el profesorado de la Academia estaba en contra suya y que su pase por la institución fue cuando menos desconcertante.

Pinilla tenía un esquema mental que no cuadraba con lo que era la realidad de la Academia y del Ejército. Al final pienso que él mismo lo reconoció, pues pidió la baja del Ejército siendo gobernador militar de Vizcaya, el puesto que ocupó después de ser director de la Academia. Los más generosos podían pensar que Pinilla era un bienaventurado que predicaba que el hombre era bueno por naturaleza y que era la sociedad quien le hacía malo. Optimismos de ese tipo, más propios del siglo de las luces, chocaban de manera frontal con la realidad de la Academia de Zaragoza.

Inspirado por su convicción de que todos éramos buenos, Pinilla expuso en la charla su concepto del autoarresto. Según la idea matriz de Pinilla, cada uno de los caballeros cadetes tenía el deber y la obligación de autoarrestarse al reconocer ante sí mismo que había incurrido en alguna falta. Según el esquema de Pinilla la sección debería de reunirse una vez por semana, sin mandos por medio, y pasar revista a la actuación de cada uno y, por supuesto, intentar forzar a quienes habían cometido faltas a autoarrestarse.

La innovación del autoarresto, puesta en práctica con la XXXIX Promoción, tuvo una aceptación desigual. La mayoría, de hecho, ignoró desde el principio estas nuevas disposiciones. Hubo, sin embargo, una minoría de masoquistas, quienes se dedicaban a autoarrestarse por su propia cuenta al reconocer grandes faltas en su comportamiento como podía ser, por ejemplo, el llevar las manos en los bolsillos.

Había también otra minoría que se dedicaba a pasarse por la torera toda orden de este tipo emanada de Pinilla. A éstos, los que eran más bien golfos, les venía de perlas la innovación del director. El nuevo reglamento dificultaba la posibilidad del mando de imponer arrestos, pues los cadetes podían responder que la imposición de medidas disciplinarias eran de la exclusiva competencia de cada uno.

Pinilla, al acabar la charla, nos despidió pidiendo que meditásemos lo que había dicho y que sacásemos cada uno nuestras propias conclusiones. Yo decidí, por lo tanto, hacer uso de mis anotaciones y escribir un artículo en el cual detallaba los peligros que, a mi juicio, podía provocar el nuevo sistema de los autoarrestos. Por supuesto no cargué las tintas. Con suavidad expuse mi criterio contrario a las ideas del nuevo director. Mis cuidados valieron de poco.
Cuando intenté publicar el artículo en la revista *Armas*, la revista de la Academia, se me dijo que el artículo tenía que sufrir bastantes retoques, pues no era publicable en su presente forma.

Tuve que acudir a un comandante que estaba vinculado a la revista y quien sabía no comulgaba demasiado con las ideas de Pinilla. Este jefe era miembro del Opus Dei e incluso llegué a mostrar un ficticio interés por la Obra con el fin de ganar su confianza. De esta manera pacté unos mínimos retoques y conseguí, lo que no era poco, la publicación del artículo.

Cuando apareció la revista con mi artículo me quedé algo decepcionado, pues no tuvo la gran trascendencia que yo esperaba. Ocurre que la mayoría de los cadetes se quedan en las fotos y en los chistes y pasan de artículos. La suerte, sin embargo, me acompañó, o para ser más concreto el artículo tuvo su difusión gracias a la notoriedad que en aquel entonces alcanzaba mi familia.

Un importante semanario dedicado a temas escandalosos había asignado un reportero a cada componente de mi famliia. La idea era sacarnos a todos la ropa sucia y así se construía una gran saga familiar que presentaba a mi padre como *play-boy*, a Francis como furtivo, a mi madre le sacaron de nuevo el asunto de las medallas, a Carmen le recordaron los traumas de su separación y a Mery le colgaron el muerto de progre a ultranza que estaba enfrentada al resto de la familia. Los mejor parados éramos Mariola y yo, de quienes poco se podía decir en particular. El periodista que seguía mis pasos debió quedar frustrado al comprobar que yo en la Academia era uno más.

Ante esta ausencia de datos sobre el Franco metido a militar, la revista optó por reproducir el más bien olvidado artículo publicado en *Armas*. Sacado de su contexto mi escrito podía parecer más virulento. Yo lo que venía a decir en él era que si había mucho desfasado en la Academia, muchas innovaciones pendientes que mejorarían la Institución y la pondrían al día, esto en sí no justificaba un ánimo de partir de cero invirtiendo todo lo que se encontraba por el camino. Por supuesto, la Academia había quedado estancada en ciertos aspectos, pero hay que recordar que cuando mi abuelo fundó la Academia ésta era considerada la mejor Institución militar en Europa.

La cuestión es que mis argumentos tuvieron una difusión inusitada y el hecho es que a los quince días se acabó con el experimento de los autoarrestos. Meses más tarde pude corroborar el inesperado impacto que tuvo mi artículo. Fue durante una visita a la Academia del Aire de San Javier. El segundo jefe de ésta me llamó aparte para decirme que el coronel director de San Javier tenía interés en recibirme en su despacho.

La breve espera en el antedespacho fue casi cómica. El segundo jefe intentaba infundirme temores diciéndome poco menos que a gritos que el coronel era muy puntilloso, que cuidase bien de darle el trato de Usía y que no olvidase mis guantes. Estas exageradas recomendaciones y gritos eran muy típicas del Ejército, ya que la labor del segundo muchas veces se reduce a decir a quienes están en el antedespacho que van a pasar a hablar poco menos que con Dios. En mi caso, como en el de cualquier otro caballero cadete, todo esto sobraba, pues sabíamos perfectamente bien cómo presentarnos.

Cuando entré en el despacho del director, a quien yo no conocía, éste me saludó con gran afecto e hizo salir de la habitación a su segundo y al oficial de tierra que me acompañaba. Acto seguido el coronel director sacó ante mi sorpresa el famoso artículo y me estuvo preguntando por él. Yo, cuidándome mucho en no decir nada que pudiera ser interpretado como deslealtad al mando, di las explicaciones que venían al caso.

Al hacer marcha atrás con los autoarrestos, que eran algo así como la punta de lanza de todo su sistema innovador, Pinilla se quedó desinflado y fastidiado. A partir de entonces siempre que me encontraba con el director de la Academia de Zaragoza y se intercambiaban nuestras miradas, la habitual sonrisa de Pinilla se convertía en una extraña mueca.

Yo estuve a las órdenes de Pinilla a lo largo del curso de alférez en Zaragoza, años 1979 y 1980. Durante ese tiempo conservaba la esperanza de que me llamaría a su despacho y que se podrían resolver posibles malentendidos. Fue una inútil esperanza y jamás tuve una entrevista privada con él. Supongo que él creería que hablar conmigo sería de algún modo darme importancia y ensalzarme. Cuando me fui a la Academia de Toledo, para comenzar el curso 1980-1981, mi imagen de Pinilla seguía siendo la sonrisa convertida en mueca.

El autor visita en Cartagena a un buque de la Armada.

CAPÍTULO X

De clases y campos castrenses

El posible conflicto con el director ni quitaba ni ponía al trabajo diario en la Academia. Mi primer año de cadete estuvo principalmente dedicado a las asignaturas «hueso» de física y de matemáticas. En física ya nos centramos bastante en el campo de la electricidad y ya en el segundo año de cadete, de retra, la física convertida ya en electrónica sería lo más duro de aprobar.

Las asignaturas y el plan de estudios pueden tener su mayor o menor justificación teórica en la Academia. Lo que resulta más difícil de sostener es el nivel del profesorado. En general, los profesores eran comandantes y capitanes de la escala activa que se estudiaban la asignatura dos días antes que lo hacíamos nosotros. El comentario común en la Academia era que quienes impartían la asignatura estudiaban más que los alumnos de la misma y esto no por vocación académica del profesor, sino por su frecuente desconocimiento de la materia.

En mis años de Academia pude constatar que varios de los profesores estaban ahí casi por engaño. Se publicaba, por ejemplo, en el Boletín Oficial del Ejército una vacante para un capitán en Zaragoza que poseyera el curso de esquí y escalada. Los capitanes en activo la pedían con la certeza de que estarían mandando cursos de alpinismo y de alta montaña. Su sorpresa era aterrizar en la Academia General y comprobar que estarían dando clases de electrónica. Al hecho de que las asignaturas eran difíciles de por sí, se añadía la existencia de profesores que carecían de vocación y conocimientos para impartirlas.

Según el plan de estudios de mi época en Zaragoza, se incluían a partir del segundo año, de retras, asignaturas que se podían denominar como de humanidades. Estudiábamos por primera vez desde nuestro ingreso en el Ejército materias como historia, sicología, sociología y económicas. Como era de esperar, dentro de la manera generalizada y global de tratar estas asignaturas, se hacía especial hincapié en los enfoques militares. El estudio de la historia, en concreto, era el estudio de la historia militar según textos editados por la Academia, y se reparaba en especial en todos los conflictos armados desde las guerras púnicas hasta la segunda guerra mundial.

La historia que se impartía en la Academia hacía más bien poca referencia a los movimientos sociales y al avance de la cultura. El tema por excelencia era la guerra. Estudiábamos las nuevas técnicas que se introducían en cada conflicto armado. Se miraba con lupa la estrategia en general y en particular la manera en que se desarrollaban las distintas Armas. Era, por ejemplo, de especial interés la actuación de los tercios de Flandes, es decir, de la Infantería, en los siglos XVI y XVII y el paralelo desarrollo de la artillería en Francia.

La guerra reina de todos nuestros estudios de historia era desde luego la guerra civil española. Recorrimos los años 1936-1939 campo de batalla por campo de batalla. Metro por metro se estudió el vaivén de la batalla de Brunete. La batalla de Teruel la vimos sobre el terreno paseándonos detenidamente con los profesores por lo que fue el frente en su día. En el caso de Teruel aprendí, y me quedé con esa idea fija, que el mayor enemigo fue el frío.

No dejó de ser curioso el concepto que tenían los profesores de Zaragoza del bando militar republicano. El alto Estado Mayor Republicano, y en particular el general Rojo, eran admirados como hombres experimentados del Estado Mayor que sabían plantear una batalla según el libro de texto y asumiendo rigurosamente las últimas lecciones de táctica militar.

Por descontado la guerra civil fue una guerra entre buenos y malos. Los malos, ni que decirlo, eran los republicanos. Había algún cadete en la Academia que tenía parientes, más bien lejanos y por supuesto ocultos, que fueron represaliados después de la guerra. Desde luego no conocí a ninguno en la Academia cuyo padre se enfrentó al bando nacional.

En el Ejército que yo conocí, el comunismo seguía siendo el coco. Para la gran mayoría, Santiago Carrillo seguía siendo el asesino de Paracuellos del Jarama. La descalificación global de Carrillo y del Partido Comunista era sobre todo patente entre los mandos. Difícilmente podía entender el mando que alguien como Carrillo podía tener presencia pública y política, llegándose a debatir entre los oficiales cuál sería su comportamiento si llegado el caso tenían que rendir honores a Carrillo. Un típico detalle que subrayaba el ambiente reinante en la Academia fue el que en maniobras el enemigo siempre era conocido como el bando rojo, mientras que los buenos en los ejercicios era naturalmente el bando azul.

Por el contrario entre los jóvenes, es decir entre los caballeros cadetes, los ejemplos de exaltado derechismo eran contados y excepcionales. Las interminables clases sobre la guerra civil se seguían con interés por su contenido militar y no por su contexto político. Creo que en mi generación, incluso entre los que han elegido la carrera de las armas en el Ejército español, se pasa de la guerra civil, no se hurga en ello y aunque no sea más que por una actitud pasiva, se acepta el nuevo orden político. Entre mis compañeros de Academia nunca noté en especial que existían «cocos» a priori. Más bien se aceptaba o no a la gente siguiendo criterios humanos.

Debo decir, aunque esto parezca difícil creerlo, que yo no empecé a oír hablar de la guerra civil hasta después de muerto el abuelo. Esto no se debe a que yo tenía diecisiete años al morir él, pues ocurrió lo mismo con mis hermanos mayores. Sencillamente en El Pardo, donde nos criamos, no se hablaba de la guerra civil y mucho menos se nos explicaba a los nietos largas historias de las gestas de aquella contienda. Muy rara vez hablaba el abuelo de asuntos militares y de guerra y cuando lo hizo, en contadas ocasiones, era para referirse con parquedad a sus años en África. Las posturas encontradas, los rencores y los odios de la guerra civil los conocí después de muerto el abuelo y no en casa, sino en lo que se podía llamar el ambiente del barrio de Salamanca de Madrid y en los medios de difusión que festejaban su nueva libertad sacando a flote un pasado que para tantos era tan ignorado como olvidado.

Siempre escuché mayor exaltación de extrema derecha en ámbitos civiles que en el ambiente militar de la Academia. Llegué a escuchar auténticas barbaridades en boca de jóvenes en los pubs de Madrid. En tales ambientes se podía quedar muy bien bramando que fulano o mengano era socialista o maricón y que había que sembrarle a palos. Tales alaridos me dejaban aturdido e indignado y llegué a creerme «rojo», curiosa circunstancia para un nieto de Franco, debido a mi propio talante tolerante. Jamás ni a mí ni a ninguno de mis hermanos se nos inculcaron tales bravuconadas y nunca llegué a entender el apasionamiento por mostrar la mano dura. Este rechazo global mío por lo que eran las posturas de los llamados «fachas» no afectaba, sin embargo, a mi propia admiración personal por el abuelo. Ocurría que este sentimiento mío, que nunca oculté, hizo que los «fachas» me pudieran considerar como uno de ellos.

En la Academia el ambiente fue muy distinto. La ausencia de apasionamiento no se debía a que mis compañeros cadetes fuesen de talante liberal y demócratas consecuentes. Eran más bien apolíticos químicamente puros y, por lo tanto, desconfiaban de la política tanto en un sentido como en otro. Quizá esto fue un reflejo más del ambiente, no exactamente intelectual sino más bien no intelectual, que reinaba en la Academia. Así, por ejemplo, yo que leía más bien poco, era sin embargo considerado como un gran lector. Las ideas por lo corriente sobraban y toda lectura que no tuviese que ver estrechamente con las asignaturas no era excesivamente bien vista. Recuerdo una época en la cual me dedicaba a leer las novelas de Hermann Hesse y para evitarme problemas opté por encuadernar las tapas de los libros.

En un ambiente tan marcadamente apolítico no debe sorprender que temas que acaparaban la opinión pública, como la expulsión del Ejército de los miembros de la Unión Militar Democrática, pasaban desapercibidos en el ambiente de la Academia. La idea generalizada entre los cadetes era que estos militares demócratas, los llamados húmedos, habían jugado a la política, lo cual estaba prohibido dentro del Ejército y, por lo tanto, no tenían cabida dentro de las Fuerzas Armadas. En cuanto al reingreso de los miembros de la UMD expulsados del Ejército se pensaba que esto podía poner en entredicho la legalidad del mismo Consejo de Guerra que los había expulsado y de la justicia militar que sancionó su separación del Ejército. Noté, en aquellos primeros años de la transición política, que las Fuerzas Armadas eran muy sensibles ante la idea, que parecía ganar terreno, de que todo lo anterior a la democracia había sido sencillamente ilegal. A mi entender la figura del abuelo en las Fuerzas Armadas era reconocida como extraordinaria por sus méritos e irrepetible en la historia. Lo corriente en los ambientes militares era que se encajasen las críticas al abuelo como críticas a las Fuerzas Armadas mismas, ya que la figura de él era prácticamente sagrada en tales ambientes.

Posteriormente, a raíz del 23-F, hubo de nuevo una oportunidad para juzgar a los militares. De febrero a julio de aquel año de 1981 estaba yo en la Academia de Toledo y lo que más me llamó la atención fue una especie de conspiración del silencio, pues prácticamente no se hablaba del tema. En general se callaban y lo más que se decía era que la prensa se interesaba demasiado, y nunca con buena fe, en los asuntos internos del Ejército.

Las excepciones al general reparo frente a la prensa eran los periódicos *El Alcázar* y el entonces existente *El Imparcial*, que se recibían en Zaragoza junto al *ABC* y *El País*. Ocurrió que en mi últi-

Llega a ser irónico, habiendo salido tanto dinero de España y de tantas diversas formas, que a mi madre se la acusase de una inmensa fuga de capital por cruzar una frontera con unas medallas en el bolso, cuyo valor apenas sobrepasaba las doscientas mil pesetas.
(Rueda de prensa de la duquesa de Franco a propósito de este asunto.)

Francisco Franco Martínez-Bordiú, condenado como cazador furtivo

MIQUEL CAMP, **Tarragona**

Francisco Franco Martínez-Bordiú, nieto del general Franco, y Julio Ribera han sido condenados a un mes y medio de arresto menor y a la retirada de la licencia de armas de caza durante dos años, por el Juzgado de Primera Instancia de Tortosa (Tarragona), que el pasado viernes 20 de enero les juzgó por el delito de caza furtiva.

Los hechos por los que han sido condenados tuvieron lugar el 5 de marzo de 1977. Ese día los guardas jurados de la reserva nacional de caza de los puertos de Tortosa y Beceite oyeron disparos en la reserva, por lo que procedieron a bloquear las salidas de la misma. Los guardas dispararon a las ruedas del vehículo de los cazadores. Dos de los ocupantes, Francisco Franco Martínez-Bordiú y Julio Ribera, abandonaron el vehículo y escaparon a pie, mientras que un tercer ocupante, Ramón Manuel Fernández se entregó.

El juez decidió imponer a Ramón Manuel Fernández una multa de 5.000 pesetas o, en su dedefecto, un arresto sustitutorio de diez días.

Poco se puede decir en defensa de Francis. Se la jugó y le salió mal. Tuvo que pagar sus consecuencias.

Las Palmas

Un nieto de Franco arrolla y mata a un matrimonio

Las Palmas de Gran Canaria. Un matrimonio ha resultado muerto al ser atropellado, en Las Palmas, por un vehículo que conducía Cristóbal Martínez-Bordiu Franco, nieto del anterior jefe del Estado y que resultó con heridas de escasa consideración.

Las víctimas, María Bárbara Tacoronte Mateo, de 38 años, y José Cristóbal Reyes Gil, de 39, eran vecinos de Telde, a unos 15 kilómetros al sur de la capital.

El accidente se produjo a mediodía de ayer en la Avenida Marítima; una de las autovías más transitadas, que une la capital grancanaria con el sur de la isla.

Al parecer, el matrimonio estaba atravesando la calzada que da entrada a la capital, a la altura del hotel Iberia, donde se disponían a entrar para sacar unos billetes y viajar a la isla de La Palma.

El teniente de Infantería Martínez-Bordiu Franco, fue atendido en el Hospital Militar de Las Palmas, donde se le hicieron radiografías de cráneo, brazos y piernas.

Por desgracia, el bombazo mío en las páginas de sucesos no tuvo nada de anecdótico.

mo año en Zaragoza se dejó de comprar oficialmente *El Alcázar* a raíz de un artículo contra Pinilla. De esta manera la lectura del periódico se cortó de raíz, pues el cadete solamente podía comprar la prensa por su cuenta en sus salidas del fin de semana. La llegada a la Academia de Toledo supuso, con cierta justicia irónica y geográfica, el reencuentro con *El Alcázar*.

Sin duda hubiera sido difícil alterar el apoliticismo reinante a través de las llamadas asignaturas de «humanidades». Esto no fue por falta de voluntad de la Dirección General de Enseñanza del Ejército, que tanto en sus planteamientos de las asignaturas de política, sicología, sociología, historia y economía como en el nivel de bibliografía intentaba crear, sin duda, nuevos oficiales abiertos a los nuevos aires que corrían y adictos al ordenamiento constitucional. Las buenas intenciones estaban ahí, pero fallaban al ser puestas en práctica por profesores, capitanes, comandantes y algún teniente coronel, cuya educación había sido bien distinta a la que tenían que impartir. Estas asignaturas claves para un desarrollo intelectual se daban en la Academia como antiguamente se daban las tres marías en todos los colegios de España. De hecho, la formación política de los cadetes tenía que esperar su salida de la Academia y sus primeros contactos con la población civil.

Dicen mucho quienes creen ver golpistas detrás de cada uniforme, que los oficiales tendrían que aprenderse de memoria la Constitución y tener grabados en su mente los artículos de las Reales Ordenanzas que mencionan los atentados contra la misma. A estos efectos los contactos que tuvimos tanto con la una como con las otras en la Academia podían ser discutibles.

En Zaragoza se repartió un ejemplar de la Constitución a cada uno de los caballeros cadetes. No debe de extrañar que cuando se examinó la Constitución repetidas veces en las aulas, el artículo que suscitaba el mayor interés fue el octavo, que se refiere a las Fuerzas Armadas como garantes del ordenamiento. Se veía con algo de malestar la introducción del término «Nacionalidades» y se miraba con lupa el título de la Constitución referente a las autonomías. La supuesta ausencia de la Iglesia Católica en la carta magna suscitaba, por el contrario, bastante menos interés que lo que podría hacer suponer la polémica que se despertó en los ambientes de extrema derecha sobre este tema. Siempre he pensado que las Fuerzas Armadas pasan de la Iglesia mucho más de lo que algunos quisieran creer.

En cuanto a las Reales Ordenanzas, despertaban, como era lógico, mayor interés los artículos referentes a la obligación de no cumplir una orden que iba en contra de la Constitución o de las propias

Ordenanzas. Esto se discutía mucho en clase, pues existía, por otro lado, la obligación del mando superior de hacer cumplir sus órdenes utilizando las medidas que estuviesen a su alcance si fuera necesario. Frente a este planteamiento de oponerse a lo anticonstitucional estaba el contrapeso de nuestra propia educación militar, en la cual fuimos regidos por un reglamento interno que desconocíamos y también penados por esas mismas reglas que ignorábamos. El camino de la supervivencia, por lo tanto, pasaba por asumir que el mando siempre tenía razón. Por ello pensábamos que era lógico que en el 23-F se hubiesen seguido las órdenes tanto en un bando como en otro.

La transición política, sin duda, no hizo demasiada mella entre los caballeros cadetes de mi época. Se ha de entender que la preparación del futuro oficial es, como debía de ser, linealmente militar. El verdadero interés y entusiasmo se reservaba para las diarias salidas al campo por las tardes y para las maniobras. Día tras día después del rancho se salía de las aulas a perfeccionar sobre el terreno ataques y repliegues de sección y de compañía, además de prácticas de tiro, sobre todo con morteros.

Cada quince días nos tocaban tres o cuatro días seguidos de tienda de campaña en el campo de San Gregorio. San Gregorio es un extenso desierto, cerca de Los Monegros, donde no hay agua, donde todo lo que se ve es piedra y polvo y algún matorral de tomillo. En verano el calor abrasaba y en invierno helaba a los más duros. Se decía que en el invierno el viento soplaba «en redondo», ya que era inútil intentar escapar de él, pues te pegaba igual. En estas cortas salidas se practicaban tanto infiltraciones como maniobras nocturnas y marchas que parecían no tener fin.

Las grandes maniobras en San Gregorio se celebran a final de curso y reúnen tanto a los cadetes de Zaragoza como a los de las Academias Especiales —Toledo Infantería, Valladolid Caballería, Segovia Artillería, Burgos Ingenieros, Ávila Intendencia, y los cadetes de la Academia de Suboficiales de Talarn, en el Pirineo—. Se sumaban a estas maniobras las unidades de helicópteros y de carros de combate junto con los vehículos acorazados todo terreno, de cadena y de ruedas. Estas maniobras eran útiles sobre todo para los mandos de la Academia que podían así dirigir un batallón y también para los alféreces que mandaban una sección, una Compañía o incluso un grupo táctico. Los cadetes nuevos y los retras hacían de soldaditos y yo me pasé mis primeras maniobras de fin de curso dedicado al completo a la extinción de fuegos, pues las pocas bajillas que había en el campo de San Gregorio se incendiaban de una manera rabiosa bajo el fuego real.

La idea matriz de estas maniobras de fin de curso era que el enemigo había rebasado las primeras líneas de defensa en el Pirineo y que había que contenerlas en el Ebro, contraatacando si era posible. En aquella época, cuando España todavía no estaba presente en la OTAN, era obvio, aunque nunca se dijo, que el potencial hipotético enemigo no podía ser otro que las fuerzas del Pacto de Varsovia.

Si bien en las maniobras siempre se luchaba contra un enemigo exterior, se hacían ejercicios que respondían netamente al planteamiento de un enemigo interior. Así cada primavera durante nueve o diez días la Academia se reunía en el Pirineo en unas maniobras llamadas prácticas de guerrillas y contraguerrillas, entendiéndose bien que esta guerrilla, este enemigo interior, era una manifestación más del enemigo y la amenaza exterior.

En estas maniobras pirenaicas se dividían las promociones, siendo los más antiguos los guerrilleros y los nuevos los contraguerrilleros. Se tomaban enormemente en serio, incluso a nivel sicológico. Así unos y otros hacían uso de propaganda y llegaban a empapelar los bosques con pósters que decían en un caso «rendiros soldados, no hacéis más que engrosar los bolsillos de los fabricantes de armamento». Del mismo modo la contraguerrilla lanzaba los clásicos mensajes de: «No tenéis nada que hacer, estáis rodeados, abandonad a vuestros jefes.»

Teníamos muy presente entre nosottros que en un futuro solamente se utilizarían tales maniobras y las lecciones aprendidas contra ETA. La política del año 1981 de impermeabilizar la frontera con Francia por el Ejército regular no era más que una extensión de aquellas maniobras de Academia.

El terrorismo que engendraba el problema vasco era, sin embargo, en mi caso, algo que estaba muy lejos de mi mente en aquellas maniobras de guerrillas de primavera que llegaban a ser un puro deleite, tanto por el contacto con la naturaleza del Pirineo como por el alejamiento de la rutina y del internado de la Academia General. Ahí, en el Pirineo de Huesca, uno se podía perder y lo mejor del caso es que ésa era nuestra misión. En las maniobras de tercer año, que se celebraban cerca del pueblo de Sabiñánigo, tocaba a parte de mi promoción ser el bando guerrillero. Esto significaba llevar un brazalete rojo de distintivo en el uniforme de campaña. Era rojo, por ser nosotros «los malos». La misión encomendada a mi grupo, éramos tres en total, era la de formar parte de una red de escape de guerrilleros que se podían hallar perdidos. Nosotros teníamos que permanecer ocultos en un punto de reunión conocido por el bando guerrillero y en donde se reunirían los perdidos y desperdigados de ese grupo «subversivo». De aparecer un compañero de brazalete rojo por nuestra zona, nuestro cometido era trasladarle a otro punto de reunión y sacarle de la zona controlada por los contraguerrilleros, que lucían el brazalete azul.

Planteada así nuestra función en las maniobras, nos encontrábamos los tres compañeros en una aldea prácticamente abandonada del todo, pues sus únicos habitantes eran un matrimonio mayor, de unos 60 años, a quienes acompañaba un pastor, medio subnormal, de unos 30 años y pico. El matrimonio aldeano tenía unas vacas, un pequeño rebaño de ovejas y unas gallinas, disponía de una huerta y de un reducido campo de trigo y de alfalfa. El agua llegaba a su caserón a través de un curioso sistema de canalización, construido por ellos, que enlazaba con un manantial a un kilómetro de distancia. El fluido eléctrico, proveniente de un pequeño grupo electrógeno, sólo funcionaba unas cuantas horas a la caída de la tarde. El hogar de Francisco y de Genara, donde también vivía el más bien idiotizado pastor, era un oasis de vida humana rodeado de los restos de una civilización que se replegaba ante la exuberancia de la naturaleza de la montaña.

Nos instalamos en esta aldea en la escuela, que parecía llevar lustros sin conocer alumnos. Fieles a nuestro papel de guerrilleros, atrancamos la puerta y todas las entradas y construimos una salida, en aquel medio derrumbado edificio, en el primer piso a través de una tabla atada a la rama de un árbol. Nuestra intención era pasar las noches bajo el goteroso techo de la escuela, mientras que de día nos escondíamos en un refugio que construimos a media hora de paseo rápido. El refugio diurno estaba pegado a una charca que hacía de bañera.

Al llegar a la aldea los tres cadetes en el primer día de las maniobras, nos encontramos a quien después conoceríamos como Francisco, que estaba empacando la alfalfa cortada, que serviría de alimento para sus animales, faenando con gran agitación, pues amenazaba tormenta y de mojarse la hierba segada quedaría inutilizada. Teníamos bien aprendido nuestro papel de guerrilleros y, sobre todo, una estrategia fundamental que era la captación del personal en la zona de nuestras operaciones. Por lo tanto, al ver a Francisco encorvado y apresurado recogiendo su cosecha de alfalfa, no dudamos en darle ayuda. El premio a esta iniciativa interesada fue una invitación al caserón del aldeano, donde Genara nos agasajó con un surtido de dulces y de pastas hechas por ella, mientras

Francisco descorchó un licor de guindas, también casero, que ayudaba a soltar la lengua.

Francisco era un hombre absolutamente hecho a la naturaleza que le rodeaba. Su independencia era total. Se autoabastecía con sus pocos animales y sus reducidas tierras y no dependía de nadie. No creo que tuviera muchos estudios pero se expresaba con un léxico claro y rico que reflejaba la lucidez de sus ideas. Tanto por el emplazamiento de la aldea como por el carácter de este hombre, me dio la impresión que por aquí el tiempo no había pasado. Los hijos de Francisco serían otra cosa, pues él decía que estudiaban perito agrónomo en la «ciudad», dando a entender que su mundo era distinto.

Al estar nosotros de maniobras militares, la conversación inicial versó, como era lógico, sobre los recuerdos de la guerra de este aldeano. A él le había tocado, por casualidad, luchar en el bando nacional. A un hermano suyo que murió en combate le tocó la otra zona. Nosotros, de maniobras, estábamos jugando a la guerra. Francisco nos contó los horrores de toda contienda y más de un enfrentamiento civil. Su historia era el contrapunto de las clases teóricas de las aulas de la Academia. Contó con sencillez, evitando los dramatismos, cómo pudo haber sido fusilado en una ocasión en que fue detenido de noche en el frente. En un descuido del pelotón de ejecución, pudo esconderse detrás de una zarza y, entre la oscuridad y sus conocimientos del campo, pudo evadir la muerte.

Sin dar a conocer mi identidad, le estuve pinchando para que me contase sus impresiones de la figura del abuelo. Francisco acusaba esos rasgos tan nacionales de anticlericalismo. El principal defecto que veía en el abuelo era que el régimen había entregado demasiado poder a los curas. Hacía la consabida ecuación de franquismo que equivale a paz, orden y desarrollo, pero le fastidiaba la estrechez moral de aquellos años.

Yo siempre he tenido la costumbre, en situaciones en que estaba, por así decirlo, de incógnito, de preguntar e indagar por el abuelo y su época. Ha llegado a ser incluso algo obsesivo mi interés por pulsar la opinión de otros acerca de Franco. Por supuesto, los palos llovían sobre el abuelo en círculos digamos intelectuales y en jóvenes para quienes la guerra era pura historia. Desde mi punto de vista, obviamente parcial e interesado, siempre he pensado que la ausencia de libertad de expresión que tanto aireaban los intelectuales es algo relativo. Antes no se podía hablar mal de Franco, y ahora, en verdad, está prohibido meterse con el Rey.

Curiosamente, con la gente más sencilla, por ejemplo con Francisco, los rencores contra Franco que palpé se centraban en la cuesción moral. Es, a mi juicio, un motivo de reflexión el latente anticlericalismo español. A mi entender, mi abuelo se lavó de alguna forma las manos otorgando a la Iglesia inauditos poderes sobre la moral pública a cambio de su padrinazgo. El fomento de la Iglesia por mi abuelo creo que respondía a planteamientos principalmente políticos. La superreligiosa en la familia es mi abuela que de no casarse hubiera sido monja.

Al segundo día de maniobras, apareció por nuestra aldea un helicóptero con una sección de contraguerrilleros a bordo. Nuestro «enemigo» apareció temprano por la mañana, pero el ruido del aparato nos avisó con tiempo para escapar sin ser vistos. Nosotros ya habíamos comenzado a actuar de enlaces y habíamos conseguido reunir a dos escapados y conducirles a otra aldea completamente abandonada, el siguiente punto de reunión en nuestra cadena guerrillera, a diez kilómetros de distancia.

Aquella primera sección se retiró sin más incidentes, pero a los dos días la contraguerrilla volvió a aparecer. De nuevo uno de mis compañeros y yo pudimos ocultarnos en nuestro refugio, donde disfrutábamos de la naturaleza y observábamos con prismáticos los registros que casa por casa hacía la sección. La contraguerrilla tuvo una pequeña victoria, pues capturó a mi segundo compañero que volvía a la aldea después de una misión de enlace. Cobrada esta «pieza», la sección enemiga se retiró dejando un pelotón escondido. Esto nos obligó a pasar toda la noche en el refugio, soportando una tormenta y una lluvia torrencial.

Al día siguiente vimos que Francisco salía de la aldea en dirección a donde estábamos, con un morral y una azada. Ciertamente habíamos tenido éxito en esa labor primordial del guerrillero de hacerse con la población local. Francisco nos traía en el morral un termo de café con leche y unos bocadillos de tortilla. Nos contó que el pelotón se había retirado y que no había peligro en volver a la aldea. El hombre nos invitó a ir a su casa.

Francisco estuvo lleno de detalles. Sabía que estaríamos exhaustos después de pasar toda la noche a la intemperie y calados hasta los huesos. En su casa tenía camas preparadas para descansar. En nuestro honor había matado un cordero y lo estaba asando.

El banquete de Francisco fue la culminación de unos días que llegaron a ser el período que recuerdo con mayor cariño de toda mi carrera militar. Fueron días de estar sin mando, lejos de los patios de la Academia y en contacto total con la naturaleza. Las maniobras, planteadas así, tenían indudables elementos de juego y de riesgo. Además, por añadidura, tuve la satisfacción de conocer a Francisco.

CAPÍTULO XI

Mientras el cuerpo aguante

Las maniobras de guerrillas podían constituir un intervalo idílico. Lo eran tanto más porque con frecuencia la vida de la Academia era extremadamente dura, sobre todo en el sentido físico. Como es lógico, había toda una serie de pruebas destinadas a elevar el techo de la resistencia y vencer el miedo.

El consabido ejercicio de todo militar, a lo largo de la historia, es la marcha. A éstas uno se podía acostumbrar siempre que se supieran los límites de la misma. Era más difícil acoplarse cuando no se adivinaba el final de la marcha. Así, tras una marcha de veinte o más kilómetros, cargados con otros tantos kilos, cuando pensabas haber llegado se te decía que había que recorrer una distancia igual. El mando tenía muy claro que había que exigir más y más. Así se le incrustaba entre ceja y ceja a todo cadete la máxima: «Cuando te sientas agotado tras el esfuerzo y creas que no puedes más, todavía puede duplicar el esfuerzo.» Hubo un comandante, en particular, que gustaba decirnos: «Y recuerden, señores, que por muy mala que sea la situación del cadete, siempre es susceptible de empeorar.»

Pienso que los jefes de Julio César soltarían frases y máximas parecidas. Al soldado moderno se le exige, sin embargo, todavía más esfuerzos y mayor coraje. Así, fueron duras de superar las escaladas obligadas de montaña por las que, si no todos vencían el vértigo, al menos aprendían a dominar su miedo ante él. Dura también era la pista de aplicación, principalmente los obstáculos conocidos como el pórtico y el gallinero. En el primero había que subir por una escala de cinco metros de altura, voltear sobre una barra colocada en la parte superior y dejarse caer seguidamente por el otro lado. El gallinero eran cuatro vigas de cemento, separadas por una buena distancia entre ellas, y que había que subir como si se tratara de una escalera.

Todos teníamos un sano temor en las prácticas de explosivos, en las cuales un pequeño error podía costar la vida. Los había también que se asustaban cuando se les mandaba saltar desde el trampolín alto de la piscina. Recuerdo a un compañero, a quien posteriormente apodaríamos «Capitán maravillas», quien llegado su turno en el trampolín dijo que era de un pueblo de secano y no había tenido posibilidad de aprender a nadar. El instructor, sin contemplaciones, le mandó saltar y sin dudarlo un momento el cadete se lanzó al aire. Por supuesto quedó en el fondo de la piscina como una piedra y dos compañeros le sacaron a duras penas. El incidente me dejó muy impresionado.

Donde quizá más bofetadas se pegaban los cadetes era en las clases de equitación. Ésta era una de las actividades más peculiares y tradicionales en la Academia. Evidentemente ya no es en modo alguno fundamental para un oficial saber montar a caballo. Los jinetes de la Caballería de antaño son ahora conductores y mecánicos de vehículos ligeros todo terreno. La equitación, no obstante, se mantiene como asignatura clave de la educación del oficial pues desarrolla, según se cree, el espíritu de dominio y de coraje.

Ocurría que algunos compañeros sólo habían visto caballos poco menos que en las películas del oeste. Los había que tenían verdadero pánico al aproximarse al noble bruto y, sobre todo, cuando se trataba de prácticas llamadas «de volteo». Éstas consistían en hacer piruetas sobre el caballo, montando y desmontando, arrodillándose sobre el animal mientras éste galopaba en círculos cerrados. A los que sabíamos montar nos largaban los caballos más resabiados y así la clase de equitación se convertía en una constante lucha con animales cuyo único objetivo era tirarte.

Yo sabía algo de caballos, pues me subieron por primera vez a uno cuando tenía seis años y hasta los catorce practiqué intensamente la equitación. Por ello me tocó en una ocasión un caballo, llamado H-27, que era el más temido de todos. En verdad, el único defecto del equino era tener unos riñones ultrasensibles. Si en el momento de montar se le tocaba la grupa o, posteriormente, se cargaba el peso hacia atrás, el animal saltaba con mayor entusiasmo que cualquier poney de rodeo y era imposible no caer. Antes de montar al H-27 le había observado con detenimiento y al tener en cuenta estos detalles le pude manejar sin más complicaciones. Sólo en dos ocasiones mordí el polvo en las clases de equitación y ambas veces caí con el caballo puesto.

La dureza de la vida en la Academia se asumía como es natural. Lo que no llegaba a entender, sin embargo, era que el esfuerzo físico no era a veces compensado por una eficaz práctica de sanidad militar. En términos generales, la regla de oro en la enfermería de la Academia, y la idea que prevalecía entre el mando, era que todo el que se acercaba a ella iba a racanear. Existían una serie de disposiciones en torno a la enfermería, siendo la principal que nadie podía ingresar en ella de no tener una fiebre por encima de 38°.

Tuve ocasión de conocer de cerca el sistema sanitario militar en mi primer año de cadete, al mes de comenzar. Tenía una afección gripal, me sentía fatal y era incapaz de estudiar. Pedí permiso al capitán de servicio para ir a la enfermería, donde se me dijo que tenía unas décimas por debajo del listón de 38°. Por lo tanto, me dieron unos antigripales del Ejército y me ordenaron volver al estudio. Estuve tres días aguantando como pude y por fin caí desmayado. Esta vez no hubo más remedio que ingresarme y se comprobó que tenía casi cuarenta grados de fiebre. Se anotó en el libro de la enfermería que sufría «síndrome catarral» y se me dieron unos optalidones para bajar la fiebre.

Todas las mañanas el comandante médico hacía una rápida inspección y, en el caso mío, ordenaba que siguiese la medicación. Yo sentía punzadas en el pulmón que me impedían dormir y escupía mucho, llegando a notar hililllos de sangre. Al explicar mis síntomas se me dijo que esto era normal en el proceso y que la sangre se debía a los medicamentos. Al ver que era imposible, pasados cinco días, obtener mayor atención, opté por llamar a mi padre, que se presentó en Zaragoza al día siguiente.

Aprovechando la hora de visita, mi padre me auscultó y rápidamente llegó a la conclusión de que tenía un pulmón que no ventilaba y otro que sólo ventilaba la mitad. Gracias al reconocimiento paterno se me miró por los rayos X. Según mi padre, si hubiera seguido diez días más a base de optalidones no hubiera vivido para contarlo. Sufría una pleuroneumonía.

El revuelo fue considerable por ser precisamente yo el protagonista de este miniescándalo que ponía en entredicho la eficacia de la sanidad militar. A raíz de la visita de mi padre y de su diagnóstico se me dieron todos los medicamentos habidos y por haber. El general Rey Ardid, que estaba a punto de dejar su puesto de director de la Academia, apareció repetidas veces por la enfermería, acompañado por su mujer, para visitarme. La enfermedad empezó a ceder y pude desfilar en la Jura de Bandera gracias a una dosis de efortil. Desfilé al final de la promoción junto con dos escayolados. Al acabar el acto me acompañó mi familia directamente a Madrid, donde fui internado en un hospital civil y ahí pasé los quince días del permiso de la Jura.

Manifestación de la plaza de Oriente, 20 de noviembre de 1976.

CAPÍTULO XII

Sombras civiles

Al revisar la pequeña historia de mi paso por la Academia, no puedo ni debo dejar en el tintero un incidente que sería sencillamente anecdótico a no ser que subrayase, a la vez, las presiones políticas que podía sufrir yo como nieto de Franco. Es obvio que al elegir la carrera militar me convertía en un objetivo a reclutar por elementos de extrema derecha.

Pienso que la aparente simpatía de mis padres por la extrema derecha debería ser puesta en su contexto. Mis padres han estado, como es público, presentes en numerososo actos organizados por la extrema derecha. Asistían a estas convocatorias en función de que sólo en ellas se homenajeaba al abuelo. Recuerdo que en una ocasión mi padre iba a asistir a una cena en conmemoración de Franco organizada por la Hermandad de Ex Combatientes. Me consultó acerca de ponerse una corbata de Fuerza Nueva y yo le pregunté: ¿Tú vas porque eres de Fuerza Nueva o por ser el yerno de Franco? Mi padre eligió otra corbata.

Los líderes de esta derecha, Girón de Velasco, Blas Piñar, Utrera Molina y tantos otros son, por supuesto, conocidos de mis padres. Estos hombres, fanáticos del abuelo, reivindicaban constantemente su obra, cosa que indudablemente infundía respeto a mi madre y a la abuela. Los amigos verdaderos de mis padres no eran gente de la política. Son médicos, hombres de banca y empresarios y, en el caso de mi madre, un pequeño núcleo de amigas de la infancia y de toda la vida. Entre los de mi generación, un líder de la derecha a quien llamaré Jonás, era un compañero de clase en el colegio de El Pilar e hijo de unos buenos amigos de mis padres. Él estudiaba medicina cuando yo ingresé en Zaragoza y nuestras relaciones se habían enfriado bastante por causa de una mujer. Supe que Jonás se había hecho cargo de la rama juvenil de la Hermandad de Caballeros Legionarios. La presidencia de esta organización le

DON ARISTIDES GARCIA ROBAYNA, TENIENTE CORONEL DE INFANTERIA Y MAYOR DEL REGIMIENTO DE INFANTERIA CANARIAS NUMERO CINCUENTA, DEL QUE ES PRIMER JEFE EL CORONEL DE IGUAL ARMA DON FEDERICO CIRUJEDA GUARDIOLA.

C E R T I F I C O: Que el Teniente de Infantería, E.A., DON JOSE CRISTOBAL MARTINEZ-BORDIU FRANCO fue destinado a este Regimiento por Orden 8.201/161/81 de fecha 17 de Julio de 1.981, efectuando su presentación el día 3 de Agosto del mismo año, permaneciendo destinado hasta el día 8 de Mayo de 1982, fecha en que causa Baja de este Cuerpo por habérsele concedido el Retiro Voluntario a Petición Propia por Orden 5.979/102/82 de fecha 28 de Abril de 1.982.

Y para que conste, y a los efectos que proceden, expido el presente Certificado en Las Palmas de Gran Canaria, a los veinticuatro dias del mes de Mayo de mil novecientos ochenta y dos.

REGIMIENTO INFANTERIA CANARIAS N.º 50 — CORONEL

Vº.....Bº
EL CORONEL

TIMBRE DEL ESTADO

PTA 5

CINCO PESETAS

CLASE 8ª

0H3509058

EXCMO. SEÑOR:

DON JOSE CRISTOBAL MARTINEZ BORDIU Y FRANCO, Teniente de Infantería de la Escala Activa, Grupo Mando de Arma, con destino en este Regimiento, recurre a V.E. por medio de la presente, manifestando que con fecha 11 de Marzo pasado, solicitó la baja en las Fuerzas Armadas, según Ley 85/1978 de 28 de Diciembre y de conformidad con lo establecido en el artículo 5º del Real Decreto Ley de 8 de Marzo de 1.977, nº 10/77 en relación con lo establecido en el artículo 9º del Decreto de 1º de Abril de 1.977, nº 706/77 (Presidencia), le sea concedida la baja en las Fuerzas Armadas por motivos puramente políticos y sindicales, a cuya actividad ha decidido dedicarse.

El Jefe que suscribe, visto lo expuesto por el interesado y teniendo en cuenta lo establecido en el Decreto Ley 10/1.977 de 8 de Febrero (D.O. nº 34)

.../...

EXCELENTISIMO SEÑOR.

DON JOSE CRISTOBAL MARTINEZ-BORDIU Y FRANCO, Teniente de Infantería, Escala Activa, Grupo de Mandos de Armas, número general del Escalafón 11139000, prestando sus servicios en el Regimiento de Infantería Canarias núm 50, en vacante de Clase C. Tipo 9, y con D.N.I núm: 5223169, ante V.E. con el máximo respeto y subordinación, tiene el honor de exponer:

Que con fecha 11 de Marzo de 1.982, dirigí escrito a V.E., solicitándo mi baja en Las Fuerzas Armadas, a todos los efectos, sin que hasta el día de hoy se me haya notificado si ha sido o no aceptada mi petición.

Que en el día de hoy, y al amparo de lo dispuesto en el art. 182 de Las Reales Ordenanzas para las Fuerzas Armadas, según Ley, 85/1978 de 28 de Diciembre y de conformidad con lo establecido en el art. 5º del Real Decreto Ley de 8 de Marzo de 1.977, núm 10/77 en relación con lo esteblecido en el art. 9º del Decreto de 1º de Abril de 1.977, núm 706/77 (Presidencia), solicito expresamente de V.E. se digne concederle la baja en Las Fuerzas Armadas, por motivos puramente políticos y sindicales, a cuyas actividades he decidido dedicarme.

CAPITANIA GENERAL DE CANARIAS	Jefatura de Tropas de Las Palmas Regimiento Infantería Canarias n.º 50

S/Rl.ª	Núm.	Fecha	N/. Rl.ª	Núm.
			1ª Oficina	3790

ASUNTO: Comunicando baja en las Fuerzas Armadas.

Por Orden 362/5979/82 (D.O. nº 102) de 28 de Abril, se le concede el retiro voluntario a petición propia según lo dispuesto en el artículo 17 del Reglamento para la aplicación de la Ley de Derechos Pasivos del Personal Militar y asimilado, aprobado por Decreto 1599/72 (D.O. nº 149), debiendo hacérsele por el Consejo Supremo de Justicia Militar el señalamiento de haber pasivo si procede en razón de sus años de servicio.

Dios guarde a Vd. muchos años.
Las Palmas de G.C. 11 Mayo 1.982
EL CORONEL

Fdo. Federico Cirujeda Guardiola.

SR. D. CRISTOBAL MARTINEZ BORDIU FRANCO, Teniente.
CUERPO.

TIMBRE DEL ESTADO

PTA 5

CINCO PESETAS

0H3509064

CLASE 8ª

EXCELENTISIMO SEÑOR.

DON JOSE-CRISTOBAL-MARTINEZ BORDIU Y FRANCO , Teniente de Infantería, Escala Activa, Grupo de Mandos de Armas, número general del Escalafón 11139000, prestándo sus servicios en el Regimiento de Infantería de Canarias núm 50, en Vacante de Clase C. Tipo 9 y con D.N.I. núm 5223169 y en la actualidad cumpliendo correctivo impuesto por el Excmo Señor Capitán General de Canarias, en el Castillo de San Joaquín en Santa Cruz de Tenerife, ante V.E. con el máximo respeto y subordinación, tiene el honor de exponer:

Que por Resolución del Excmo Señor Capitan General de Canarias, de fecha 16 de Abril de 1.982, me ha sido impuesto un correctivo de UN MES de arresto Militar a cumplir en Castillo, cuya sanción vengo cumpliéndo y por no estar conforme con dicha Resolución, y al amparo de lo dispuesto en el art. 1.007 del Código de Justicia Militar, acudo directamente ante V.E. , presentando mi agravio a V.E. en base a lo siguiente:

En el correctivo que se me impone, cuya fotocopia acompaño, entre otras cosas, se dice lo siguiente:

"Que se me impone el correctivo de UN MES de arresto en Castillo, al amparo de lo dispuesto en el art. 443 del Código de Justicia Militar de hacer públicamente manifestaciones no autorizadas que "afectan al prestigio de la Institución Militar".

En la larga enumeración de las faltas leves a que se refiere dicho art y a nuestro entender , no hay ninguna, que en forma expresa, contenga el calificativo dado en la Resolución objeto de este Recurso.

CAPITANIA GENERAL DE CANARIAS

JEFATURA DE TROPAS DE LAS PALMAS

Regimiento de Infantería Canarias Núm. 50

S/Rf. Núm. Fecha

CONFIDENCIAL

N/Rf. Ayudantia Núm. 33

4

ASUNTO: Correctivo por falta leve a un Oficial.

El Excmo.Sr.General Jefe de Tropas de Gran Canaria, en escrito nº BC/mm. de fecha 16 del actual, me comunica;

"El Excmo.Sr.Capitán General de Canarias, en su escrito de la Secretaria de Justicia de fecha hoy 16, me dice lo siguiente:

--""Examinadas las declaraciones emitidas por el Teniente de Infantería (E.A.), DON JOSE CRISTOBAL MARTINEZ-BORDIU FRANCO, con destino en el Regimiento de Infantería Canarias número 50, a un reportero de la revista "Intervió", que se inserta en el núm. 309 de 1.982 y cuyo texto fragmentariamente ha trascendido a la prensa local hiriendo la sensibilidad de las Fuerzas Armadas, he resuelto en uso de las facultades que me confiere el Artº 416 del C. de J.M., imponerlè el correctivo de UN MES de arresto Militar a cumplir en Castillo, como autor de la falta leve del Artº 443 del Código Castrense de hacer públicamente manifestaciones no autorizadas que "afectan al prestigio de la Institución Militar.""--

Deme cuentade haberse transmitido a dicho Oficial la Orden de presentación inmediata en el Castillo de San Joaquín de Santa Cruz de Tenerife, que designo para su cumplimiento.

Lo que a mi vez traslado a V.S. para su conocimiento y el del interesado, debiendome dar cuenta de la fecha y medio en el que emprende la marcha, para lo que le adjunto el pase correspondiente con escrito número 1.0307-C, de esta misma fecha."

Lo que pongo en su conocimiento para su immediato y más exacto cumplimiento, dandome cuenta del medio y hora en que emprende la marcha. Se adjunta pase nº 1222.

Dios guarde a Vd. muchos años.

Las Palmas de G.C. 16 de Abril de 1.982

EL CORONEL,

REGIMIENTO INFANTERIA CANARIAS Nº 50 — CORONEL

Fdo:Federico Cirujeda Guardiola

...nte de Infanteria.D.Jose Cristobal MARTINEZ-BORDIU FRANCO.

Cuerpo

---

me oportuna, por lo que, de conformidad con lo dispuesto en el artículo 521 del Código Castrense, pudiera V.E. dar por terminadas las Diligencias Previas apreciando en el Oficial de referencia la falta leve militar mas arriba mencionada, cuya sanción pudiera ser la confirmación del correctivo impuesto, a título preventivo que como mas arriba se indica está perfectamente tipificado, sirviendo de abono para su cumplimiento el tiempo privado de libertad por estos hechos.- Si V.E. resuelve de conformidad deberá volver lo actuado al Instructor para notificación y práctica de las correspondientes diligencias de ejecución.- V.E. no obstante resolverá.- Santa Cruz de Tenerife, a 10 de Mayo de 1.982.- Excmo. Señor:- EL AUDITOR.- Firmado FRANCISCO MARZAL CAPA.ROS.- rubricado Hay un sello en tinta que dice: Capitanía General de Canarias.- Auditoría de Guerra.- -

FOLIO 4?2.- DECRETO DE LA AUTORIDAD JUDICIAL.- Capitanía General de Canarias.- Secretaría de Justicia.- LC/ja.- Num. 5573-G.- Santa Cruz de Tenerife, 17 de Mayo de 1.982.- DECRETO: De conformidad con el precedente Dictamen del Iltmo. Señor Auditor de Guerra.- ACUERDO: Declarar terminadas las presentes Diligencias Previas número 36 de 1.982, sin declaración de responsabilidad por delito o falta grave y apreciar en la conducta del en la fecha de autos Teniente de Infantería DON JOSE CRISTOBAL MARTINEZ-BORDIU FRANCO, la comisión de una falta leve de hacer declaraciones no autorizadas que "afectan al prestigio de la institución militar", prevista y corregida en el artículo 443 en relación con el 416 y 417, todos ellos del Código de Justicia Militar, al efectuar las publicadas en la Revista "Interviu" correspondiente a la semana del 14 al 20 del mes de Abril en la que, aún admitiendo la ausencia de animo injuioso para las Fuerzas Armadas se contienen conceptos y expresiones que implican un desprestigio para las mismas.- Igualmente ACUERDO: Elevar a definitivo el correctivo de UN MES de arresto militar en Castillo impuesto por mi Autoridad, para cuyo cumplimiento le servirá de abono el tiempo de privación de libertad sufrido por razón de los presentes hechos.- Pasen las actuaciones al Señor Coronel Juez del Juzgado Militar Permanente de Plaza para conocimiento, notificación y demás diligencias de ejecución.- EL CAPITAN GENERAL.- Firmado JESUS GONZALEZ DEL YERRO MARTINEZ.- Hay un sello en tinta que dice: Capitanía General de Canarias.- Secretaría de Justicia.- Capitán General.- - - - - - -

Y para que conste y su entrega al interesado, Teniente de Infantería DON JOSE CRISTOBAL MARTINEZ BORDIU FRANCO, en el acto de la notificación, expido el presente que visa y sella S.Sª en la Plaza de Santa Cruz de Tenerife a diecisiete de Mayo de mil novecientos ochenta y dos.

Vº. Bº.

EL CORONEL JUEZ,

satisfacía su indudable pasión de mandar y era el cauce natural para su nunca ocultada ideología derechista.

Jonás, a sus veintiún años reclutó a mucha gente joven, sobre todo los hijos de quienes añoraban los años del abuelo. No tardó en contactar conmigo y, apelando a nuestra antigua amistad, dejaba recados pidiendo que nos viésemos, cada vez que venía de permiso a Madrid. En dos ocasiones me convidó a cenar y me expuso los fines de su organización. Al margen de la función oficial de la Hermandad, que no era más que ayudar a los caballeros legionarios cuando dejaban el servicio, Jonás tenía un planteamiento en el cual la rama juvenil serviría de fuerza de apoyo civil a un movimiento golpista. Los alistados en sus filas cumplirían la misión del requeté en épocas anteriores. Yo le dije claramente que era militar, que servía a mi patria dentro del Ejército y que no tenía ningún interés en pertenecer a su organización.

Unos meses más tarde, era el año 1979, recibí una llamada urgente de Jonás cuando estaba de permiso en casa de mis padres. Me dijo apresuradamente que por teléfono no podía hablar y que fuese a verle en el piso del paseo de la Castellana, donde vivía con sus padres y hermanos. Lo primero que me preguntó Jonás cuando acudí a la cita era si me había fijado en un hombre que estaba abajo en la portería. De hecho sí me había percatado de un hombre que disimulaba poco que montaba guardia. Jonás me dijo que se le seguía por todas partes y que estaba asustado.

La razón de esta vigilancia se debía a que Jonás y otros mandos de su organización, que entonces contaba con más de cien afiliados, habían sido convocados a una reunión por el presidente de la Hermandad de Caballeros Legionarios. Ahí se les dijo que habían sido reunidos para estudiar un golpe de mano a la Moncloa. Se les enseñó planes detallados, tanto de la residencia del presidente del Gobierno, como de la manera de actuar, y se les prometió armas. Jonás sospechó que la reunión era una encerrona. Consiguió averiguar que quien les había convocado trabajaba a la vez en los servicios secretos y paralelos del Gobierno. Averiguó también que un miembro de la rama juvenil, que él mismo había reclutado, también estaba a sueldo de la Presidencia.

Jonás no tenía dudas de que había sido infiltrado del todo y que la siguiente jugada sería un sutil montaje que serviría para desprestigiar a la organización, poner en ridículo la Legión para más tarde desmantelarla, y de paso para meter en la cárcel a un buen puñado de jóvenes de extrema derecha. En la reunión, Jonás dijo que una cosa era que su organización apoyase a un bando determinado en una hipotética situación de levantamiento y otra muy distinta era convertirse en terroristas. Un familiar suyo, ministro del antiguo régimen, le aconsejó que ante notario se desvinculase de tales proyectos y que enviase la carta a la presidencia de la Hermandad para que constase en acta, con copia a todos los miembros de la Junta.

Jonás siguió fielmente estas recomendaciones y consiguió dar carpetazo al asunto. Con el pasar de los días, la vigilancia se levantó, aunque el susto tardó más en disiparse. Yo, recordando las cenas que había tenido con Jonás meses atrás, sentí una enorme irritación por aquel intento de meterme en una camisa de once varas. Podía haber puesto en juego mi carrera militar y haber destruido por completo mi imagen junto a la de mi familia.

Todavía quedan muchos extremistas jóvenes de derechas como los sigue habiendo del polo opuesto. Todavía puede ocurrir en el año 1983, como me ocurrió a mí, que se le diga a uno: «Tú no eres de los nuestros.» Quien me dijo esto era un joven ultraderechista partidario de salir a la calle pegando tiros, con la idea fija de que la gente de izquierdas eran prácticamente reos de muerte.

Tuve que repetir por enésima vez que si «ser de los suyos» era admirar al abuelo, yo le admiraba más que ninguno. Pero que jamás me calentaría la cabeza con un terrorismo «blanco» que buscara la eliminación física del adversario político.

De todos los hermanos, quien más ha consumido ríos de tinta ha sido sin duda mi hermana Carmen.

Mi hermana Carmen de siempre ha sido la favorita de la abuela y sabía mejor que nadie el daño que podía causarle a una señora de profundas creencias religiosas. (En la foto, con su abuela y su madre.)

También tiene Jimmy, y supongo seguirá teniendo, una increíble imaginación, virtud o vicio según se mire, que paseó a sus anchas en un libro acerca de su vida con mi hermana Mery.

TERCERA PARTE

Oficial

Juan Carlos I
Rey de España

Por cuanto atendiendo a los servicios y circunstancias de D. JOSE CRISTOBAL MARTINEZ - BORDIU Y FRANCO le concedo

el empleo de TENIENTE DE INFANTERIA

con la efectividad de 15 de julio de 1.981

y antigüedad de 15 de julio de 1.981

Por tanto, mando a la Autoridad superior militar del distrito o ejército a que fuere a servir, que ponga el cúmplase y ordene lo conveniente para que se le dé posesión del referido empleo, en el que se le guardarán todos los honores y preeminencias que le corresponden y debén ser guardados bien y cumplidamente; y que se tome razón de este despacho en las oficinas de Intervención Militar, donde se formará asiento del citado empleo, en el cual disfrutará del sueldo prefija do por las disposiciones vigentes, desde el día que las mismas determinen según constare de la primera revista.

Y para que se cumpla y ejecute todo lo referido, mando expedir el presente despacho, firmado y con el sello correspondiente y refrendado por el Ministro de Defensa.

Dado en Madrid a quince de julio de mil novecientos ochenta y uno.

Alberto Oliart Saussol

Juan Carlos R

S.M. concede el empleo de TENIENTE DE INFANTERIA a D. JOSE CRISTOBAL MARTINEZ-BORDIU Y FRANCO.

CAPÍTULO XIII

Preludios

La aparición del blanco aparato sobrevolando el patio era el aviso de que el acto iba a comenzar. El helicóptero de la casa real aterrizó a 400 metros del edificio central en un campo de hierba que, además de campo de rugby y atletismo, servía de helipuerto de la Academia. Don Juan Carlos se situó en el centro de la mesa donde se entregarían los despachos de teniente, frente a los caballeros alféreces cadetes salientes que estábamos formados en compañía de a nueve. No sería yo el único de los formados en el patio del Caudillo que recordara el drama de la entrega de despachos de alférez. Mis padres y mis hermanos pequeños estaban en la tribuna de invitados. Habían llegado en coche desde Madrid esa misma mañana. Mi abuela no acudió al acto. El Corona de Aragón nos había marcado a todos. Mis padres no quisieron llegar la noche antes y la abuela prefirió quedarse en Madrid, ya que Vicente Pozuelo, su médico de cabecera, desaconsejó un viaje de ida y otro de vuelta en el mismo día.

Este último acto de la carrera se parecía a otros tantos de los últimos años. Primero la misa, luego los discursos y finalmente la entrega. Al no estar formado yo en la hilera central de la compañía no recibí personalmente el despacho de manos del Rey. Al acabar el acto y a la orden de «rompan filas» se sucedió el típico y tradicional acto de lanzamiento de gorras al aire. Se pasó entonces del calor mañanero del patio de armas al fastuoso comedor de la Academia, donde el sol se filtraba por las cristaleras que representaban las órdenes militares —Santiago, Alcántara, Calatrava y Montesa—. Ahí, junto a las columnas jónicas rematadas con capiteles dorados, se sirvió una copa de vino presidida por Su Majestad.

Este salón principal del comedor tenía su solera. Sin embargo, ya no existían los detalles lujosos de tiempos anteriores como, por ejemplo, los centros de mesa. En otras épocas, cada cadete, al ingresar, llevaba consigo una cubertería de plata para su servicio con sus iniciales grabadas. Todo eso ahora, en tiempos del acero inoxidable, pertenecía al baúl de los recuerdos de los mayordomos más antiguos. En el comedor de la Academia no sentía en aquel momento ni especiales rencores ni tampoco nostalgia acusada. Satisfacción, por haber acabado una carrera y así haber cumplido con la promesa y la meta que me había trazado a mí mismo. Mis miras, mi imaginación y mi ilusión estaban puestas en el destino. Días antes habíamos escogido nuestros destinos. Aparecen apuntadas en una pizarra del aula magna de los nuevos edificios, donde se reunían los cursos para conferencias especiales, las distintas vacantes en los regimientos. Los destinos se solicitan a razón del número de promoción lo que, dado el número que había obtenido, me permitió algún poder de decisión sobre mi futuro. Los primeros de la promoción solían escoger destino en las unidades especiales, las COES, la Legión y las Banderas Paracaidistas. Esto es natural, pues las unidades especiales son las mimadas en el Ejército. Son las más activas de todas, con más días de maniobras, tienen acceso al mejor material y disponen de los mejores mandos. También eran muy solicitados los destinos en cualquier regimiento de África o de Canarias. El sueldo de un teniente en la Península es del orden de las sesenta a setenta mil pesetas mensuales. En Canarias el sueldo es de ochenta a noventa mil pesetas y de noventa a cien mil en las islas menores, en La Palma, Fuerteventura y Lanzarote lo mismo que en Ceuta y Melilla.

La cola de la promoción solía acabar en el País Vasco, por ser esas vacantes las últimas en cubrirse. Este dato podrá chocar y habrá gente que piense que el oficial intenta escabullirse de los problemas del norte de España. Nada más lejos de la verdad. La ausencia de solicitudes para destinos en el País Vasco no refleja más que la frustración de los militares en las Provincias Vascongadas. El que va de militar al País Vasco sabe que sólo hará acto de presencia en los cuarteles y tendrá necesariamente que ocultar su pertenencia al Ejército fuera del servicio. Las posibilidades de maniobras en el País Vasco son mínimas y el oficial destinado ahí sabe que, en el mejor de los casos, está de pasante y, en el peor, de blanco para los terroristas. De tener el Ejército un papel claro en el País Vasco —como lo tiene el Ejército Británico en el Ulster— pienso que serían los primeros de la promoción quienes pedirían aquellos destinos.

Mi primera preferencia era pedir destino en la Legión de Fuerteventura. Esto no fue posible al pisarme el puesto un compañero con un número de promoción dos veces anterior al mío. Quedaban, sin embargo, otros destinos en las islas y opté por el Regimiento de Infantería Canarias número 50, que sabía había estado en África y que, por lo tanto, tenía un buen nivel en material y días de maniobras. Vestido de paisano y con mi uniforme en la maleta, tomé el avión para Las Palmas.

No podía saber en aquel momento que este mi primer destino sería también el último. Pero desde luego estaba en mi mente la idea fija de que en adelante viviría aprovechando las comodidades que me pudiera permitir. Me había privado de mucho en la Academia y no tenía ganas de seguir haciéndolo. De hecho, al llegar a Las Palmas me recibió el chófer de un amigo de mi madre y me llevó directamente a un buen hotel, donde la terraza de mi habitación daba directamente al mar y donde podía contemplar la puesta de sol sin moverme de la cama.

Este mismo amigo de mi madre me consiguió una invitación para una fiesta de disfraces que reunió a la llamada «mejor sociedad» de la isla, a los dos días de mi llegada. La fiesta, que era de rigurosa y selecta invitación, se celebraba en el llamado poblado indio, un lugar turístico de día, y esa noche existía un control de entrada con guardias de seguridad privados.

Me fui a la fiesta vestido de *cow-boy,* con botas y sombrero negro, pantalón vaquero y camisa roja tejana. El toque realista de mi atuendo era un Colt 38-especial que me habían prestado para la ocasión. Me presentaron a muchísima gente y a mujeres monísimas. Una en especial, guapísima, vestida de india, fue para mí la reina de la fiesta. La fiesta se me convirtió en una especie de puesta de largo ante la sociedad isleña y pronto supe que no tendría el menor problema en entablar amistades.

Conocí también a un curioso personaje de Las Palmas, popular y envidiado a partes iguales, Pepe Mac Donald. Es un hombre con diversos negocios y con alma de auténtico *show-man.* A sus espaldas la gente decía de él que era interesado, falso y charlatán, pero todos querían conocerle y él conocía a todo el mundo. Buena prueba de esas actitudes encontradas que despertaba Pepe entre la gente, fue una juerga que se montó en torno a él durante la fiesta. Haciendo buen uso del decorado del poblado indio se le sometió a juicio, se le metió detrás de los barrotes de la cárcel del poblado y por fin se simuló su ejecución colgado de una soga. Pepe pareció ser el que más gozaba de la farsa que le hacía el centro de atención. Todo discurrió entre copas y risas. Con el tiempo Pepe, que tiene un corazón de oro, se convirtió en un amigo clave para mí y ha sido de los que mejor se han portado conmigo en mi estancia canaria.

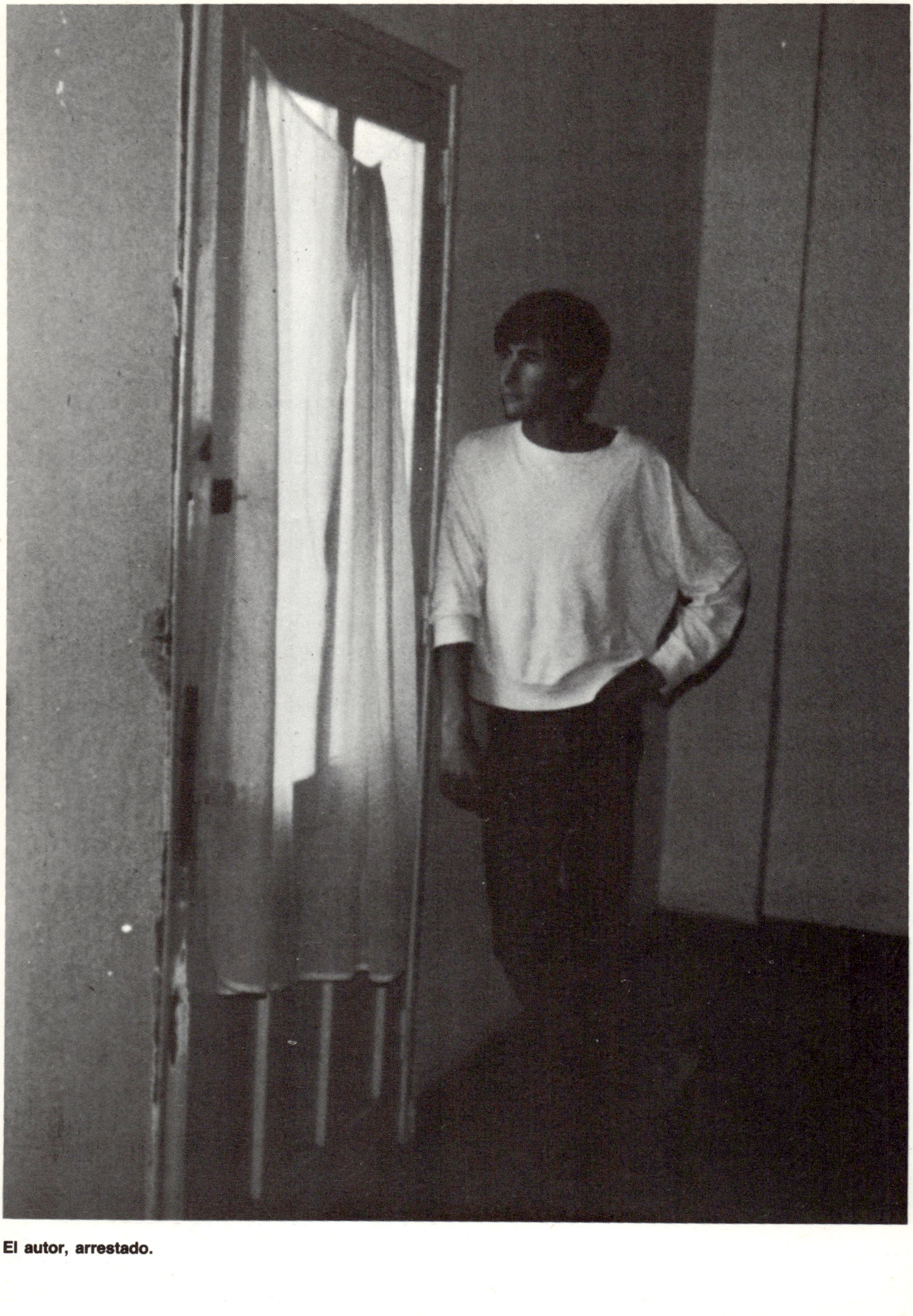

El autor, arrestado.

CAPÍTULO XIV

Del cuartel al refugio

El contraste entre las juergas nocturnas de la *jet-society* de Las Palmas y la vida de un teniente de Infantería del Regimiento Canarias número 50 no puede ser más fuerte. Al día siguiente de la fiesta tuve que presentarme al coronel. Con la presentación vino la primera bronca. Resultó que había enviado mi carta de presentación, un mero trámite de formulismo, escrita a máquina. No recordé en aquel momento que estas misivas tienen que ser de puño y letra. Los formulismos, como las colas y la burocracia, son de las cosas que más me fastidian. Todo aquel primer día resultó para mí y para los cinco compañeros de promoción que también comenzaban sus destinos, un interminable rollo burocrático. Hubo que presentarse a los jefes directos y como detalle respetuoso a todos los superiores e iguales del Regimiento. Después nos trasladamos al palacete del Gobierno, donde tiene su despacho el general gobernador, para firmar en el llamado libro de presentaciones. Recuerdo en especial al capitán de la COE quien, tras hacernos esperar una hora, nos recibió chorreándonos por una serie de detalles absurdos e insignificantes.

El coronel —a pesar del chorreo inicial y de otras broncas posteriores— me pareció un buen hombre y un buen militar. Era un gran admirador del abuelo, cosa normal en los mandos del Ejército, y además poseía la inmejorable circunstancia cara a sus subordinados de que por razones de escalafón no llegaría nunca a ser general. Siempre es bueno tener un jefe que dé la cara ante quien sea por sus subordinados. Entre los oficiales se solía comentar que quienes perseguían la estrella de cuatro puntas del generalato muchas veces fallaban en esto.

Al día siguiente conocí a mi capitán y al resto de la que sería mi Compañía, la tercera del Primer Batallón. El capitán, un hombre fornido y atlético —dedicaba al deporte la mayor parte de su tiempo y concentración—, de ojos atentos, vivos y muy abiertos, desplegaba una actividad fuera de lo usual. Yo era su subordinado directo y siguiéndome a mí en orden descendente en el escalafón estaba Diego, un hombre flaco, agudo, comprensivo, con sentido del humor y grandes tragaderas. Diego era teniente de la escala especial y acababa de llegar de Bilbao, donde había pasado dos años voluntario mandando la Compañía de Policía Militar. Un elemento importante en la Compañía era el brigada, que conocía, quería y sabía tratar a la tropa.

Los primeros días fueron, necesariamente, de toma de contacto con el Regimiento y su misión. El Canarias 50 estaba dividido en dos acuartelamientos. En el mío, situado en lo que se conocía como la Isleta, al noroeste de la isla, estaban las ocho compañías, reunidas en dos batallones, y una compañía de servicios. Mi cuartel estaba en una pequeña península, junto a Las Palmas, llamada la Isleta, que casi en su totalidad es un campo de instrucción y tiro. La parte habitada de la Isleta, que se encuentra en el istmo de la península, está formada por estrechas callejuelas y el negocio local se reduce prácticamente a las barras americanas. Durante la guerra civil este barrio fue cercado, en vez de tomado, y sigue siendo prácticamente un barrio sin ley. El otro cuartel estaba en el extremo opuesto de la ciudad y ahí se encontraba el resto del Regimiento, una compañía mixta mecanizada y la COE.

La misión del Regimiento era principalmente de guarnición, cubriendo la seguridad de los polvorines y del castillo. Las Palmas contaba también con una Unidad de Artillería, otra de Ingenieros y una Compañía de Intendencia.

El Canarias 50, al igual que tantos otros regimientos, estaba al completo solamente en teoría. Continuamente perdíamos soldados de reemplazo que eran destinados a diversos puestos en el Gobierno Militar, en la casa del general gobernador y en las residencias de oficiales y de suboficiales. Pero la mayor sangría que sufríamos se debía a la Compañía de Servicios, pues había un auténtico proceso inflacionario de oficinistas, fontaneros y especialistas de todo tipo. Mi Compañía, por ejemplo, debería haber constado de tres secciones de fusiles y una de armas de apoyo. En el mejor de los casos sólo disponía de dos secciones y de un pelotón de ametralladoras y otro de morteros. De estos que restaban había varios que se pluriempleaban a la vez en servicios fuera de la Compañía.

No tardé mucho en acoplarme a la rutina de un regimiento. Desde las ocho de la mañana hasta las cinco de la tarde las horas se sucedían mandando la instrucción, la gimnasia e impartiendo clases de armamento. Cada tres semanas salíamos de maniobras de cuatro días de duración. Una vez al año, en octubre, se celebraban maniobras de 15 días de duración conjuntamente con un tercer batallón

Guste o no, la lealtad y el honor tienen sentido entre los militares, y Suárez era la antítesis de tales conceptos. (En las fotos, con Franco y diversos miembros del Consejo Nacional, en 1975, cuando era vicesecretario general del Movimiento, y con el cardenal Tarancón y Santiago Carrillo, en 1978.)

Gutiérrez Mellado pidiendo que se guarde silencio en el entierro de unos policías y un guardia civil.

El general, que hacía de tándem con Suárez, era fatalmente visto excepto por un grupo muy reducido que buscaba su lugar al sol en aquellos puestos que concernían al Ministerio de Defensa.

del Regimiento que estaba en Lanzarote y con las Unidades de Artillería y de Ingenieros. Nos trasladábamos todos a la isla de Fuerteventura, donde las maniobras consistían en ser atacados por la Legión. Nuestra misión era soportar los embates de los legionarios y retroceder ordenadamente. Así nos pinreleamos —caminamos— la isla de costa a costa.

Con la vida de cuartel y las maniobras en el campo empecé a conocer a los hombres que tenía bajo mi mando. La tropa de mi Compañía venía de todos los puntos de España y al observarles y mandarles notaba que se me venían *in mente* todos los tópicos sobre las características raciales de los habitantes de la Península. Los catalanes desde luego aparentaban mayor cultura, los vascos eran duros y más serios, incluso los más agresivos, pero los aragoneses podían ser todavía más brutos. Los andaluces, ni que decirlo, ponían la nota de cachondeo y de juerga. Eran éstos los más difíciles a la hora de hacer cumplir órdenes, pero cuando había que echar el resto lo hacían tanto o más que ninguno.

A ellos, a la tropa, me dedicaba casi al completo a lo largo de mi jornada de ocho a cinco. Fuera de mi horario de cuartel procuraba marcar distancias con el Ejército. Después de veinte días de vida de hotel estuve una semana en la Residencia de Oficiales, pasando luego a vivir en una casa que alquilé por mi cuenta. La residencia tenía la ventaja de que era barata —no llegaba a quinientas pesetas por cama y comida diarias—, pero me resultaba asfixiante vivir el ambiente militar las 24 horas del día.

En la Residencia de Oficiales disponía de un cuartito con una cama, un gran crucifijo, un pequeño armario, un lavabo y una pequeña ducha. Día y noche eran continuos los ruidos de los cambios de la guardia y de los hijos de los oficiales casados. La zona, situada en la llamada ciudad-jardín, era buena, pero el edificio no tanto. Era una residencia antigua y su estado de conservación dejaba mucho que desear.

Ya en la fiesta, donde hice mis primeros contactos con la población civil de la isla, había preguntado desesperadamente por una casa situada en las afueras y acorde a lo que me permitía el sueldo. Al no conseguir nada puse al final un anuncio en el periódico local. Me contestó una mujer que me ofreció la casa casi ideal para mis deseos. Estaba en la zona más fresca de Las Palmas, en Tafira Alta, y era la típica casa canaria antigua. A quince minutos del cuartel, era una casa sólida y cuadrada con una buena terraza y un patio interior. En el piso de arriba vivía un chico alicantino, separado de su mujer, que se dedicaba al negocio de las tragaperras. En el piso de abajo yo disponía del amplio patio cubierto donde instalé mi equipo de música y mis libros y de tres habitaciones más, cocina y baño. Acabé tomándole gran cariño a la casa, donde estaba completamente a mi aire y que era todo un refugio, un oasis de tranquilidad y de aislamiento.

La necesidad de un refugio se hizo pronto patente, pues no tardé en tener problemas con mi capitán. Al principio nuestras relaciones parecían ir de perlas. No llevaba dos semanas en la Compañía cuando mi capitán comenzó a disfrutar de su mes de vacaciones de verano quedándome yo, por lo tanto, al frente de la Compañía y disfrutando de mi primera experiencia real de mando. Al marcharse a su playa elegida en la isla, el capitán me dejó su dirección y teléfono para poder localizarle en todo momento y me instó para que le consultase cualquier duda o problema que pudiera aparecer. Supongo que estaría nervioso por dejar solo en el mando a un recién salido de la Academia y por ello me llamó numerosas veces por teléfono e incluso apareció inesperadamente por la Compañía, interrumpiendo sus vacaciones, para interesarse por su tropa. Pude comprobar que tal y como me había dicho un profesor de la Academia hace años, el capitán es poco menos que Dios dentro de su Compañía.

A pesar de estos telefonazos y las inesperadas visitas, para mí fue todo un alivio recibir de mi superior inmediato las órdenes por escrito y tenerle a cierta distancia. Tenía un margen, aunque estrecho, para desarrollar dentro de lo posible mis cualidades creativas y organizativas. Comprobé que el trabajo no era difícil y que tampoco me resultaba demasiado pesada la carga de la responsabilidad. El shock se produjo al volver el capitán a su Compañía finalizado el permiso.

El primer problema surgió a raíz de un fallo burocrático o por pura mala suerte según se mire. En la orden del día del Regimiento había aparecido un artículo de Capitanía General según el cual el horario de trabajo comenzaba a las ocho y media. Lo que posteriormente no había leído, por no estar el oficinista a mi vuelta de un reconocimiento por el campo, fue una orden del coronel anulando lo anterior y manteniendo la entrada a las ocho. Quienes conocen bien la vida militar reconocerán en esta situación algo muy típico: la vida en uniforme es a veces un desesperante círculo vicioso de órdenes y contraórdenes.

Desconociendo en esta ocasión la contraorden, llegué aquella mañana, precisamente la mañana que volvía el capitán, a las ocho y cuarto. El capitán sin, por supuesto, pedir explicaciones y sin mayores contemplaciones me ordenó: «Pasa inmediatamente a cumplir un arresto de cuatro días en la sala de banderas.» Me quedé estupefacto y sin capacidad de reaccionar. Posteriormente recordaría que existían agravantes, pues durante las dos primeras semanas en las que estuve bajo su mando el segundo día había llegado cinco minutos tarde por perderme con el coche camino del cuartel y días después tuve un lapsus de diez minutos por causa de una avería del coche.

Lo que más me molestó en aquel momento fue el hecho de que un suboficial del Regimiento había recientemente recibido un arresto de una semana de duración a cumplir en su domicilio por una falta bastante más importante. El arresto «en banderas» era fatídico, pues consistía en permanecer todo el día en la sala que lleva dicho nombre y dormir en la sala de oficiales de retén, desde donde se oía perfectamente el inevitable ruido nocturno de los relevos de la guardia. Este arresto fue una abrupta separación de mi refugio elegido y me dejó indignado. Como único recurso de contestación me dejé crecer la barba, lo cual sé que no gustó a alguno de mis superiores. El único punto positivo de esta inactividad impuesta fue que pude aprovechar para cumplir con una deuda cultural y leerme la segunda parte de *El Quijote*, cosa que hasta entonces no había tenido ocasión de hacer.

A la salida del arresto noté de inmediato que el nivel de crispación con el capitán seguía intacto. Por orden expresa suya tuve que contar y repasar personalmente todas las baquetas, tornillos, tapones, máscaras y demás cosas del cuarto de armamento, tarea que me llevó una semana. Al día siguiente de finalizar esta pesadísima tarea me tocó una guardia de 24 horas. Existía de hecho la opción durante estas guardias de turnarse la noche con el suboficial de turno y así poder echar cabezadas sobre un sofá abatible que existía al efecto. Esta costumbre estaba mal vista por los mandos y, por lo tanto, no utilicé dicho recurso. Al acabar la guardia el capitán me prohibió volver a mi casa, que era lo usual, y me mandó hacerme cargo de la instrucción y de la gimnasia de la mañana. Después de comer, todavía sin haber pegado ojo, se me notificó que tenía que dar la clase llamada «de moral».

Acabada esta clase el capitán me llamó a su despacho y, haciéndome sentar en un banco bajo enfrente de su mesa, me hizo escuchar un largo chorreo acusatorio. El discurso del capitán era todo un memorial de agravios y entre otras cosas me acusó de no conocer a los soldados del nuevo reemplazo. Esto para mí era manifiestamente injusto, pues el nuevo reemplazo había llegado al Regimiento estando yo o bien arrestado o bien contando tuercas en el cuarto de armamento. Le escuché, sin embargo, pacientemente y la verdad sin muchas fuerzas para replicar. La arenga tuvo el clásico colofón de «no me negarás que tengo razón en todo lo que digo». Pude replicar «no tiene razón en nada de lo que dice, pero hoy no estoy con ánimo de discutir». Me puse firmes, saludé marcialmente y me marché del despacho.

Las relaciones de un teniente con su superior inmediato en el Regimiento, con el capitán, no deben de ser muy distintas a las que puedan existir en cualquier otro estamento de la vida, en cualquier oficina con el jefe, en cualquier tajo con el capataz. Sencillamente no me llevaba bien con mi superior. Empezaron a surgir toda una serie de problemas entre nosotros que acabaron, como es lógico, repercutiendo en el resto de la Compañía. Se sucedían situaciones auténticamente ridículas y hubo al menos una ocasión cuando el capitán llegó a esconderme una orden dirigida a mi nombre, haciéndome quedar como un incompetente delante del resto de los mandos del cuartel.

El broche final de todo esto fue, en cierta manera, con ocasión de las maniobras de Fuerteventura, en las cuales tenía depositada gran ilusión. Todo oficial recién salido de la Academia está deseoso de destacar en maniobras, mandando soldados, resolviendo problemas y situaciones según surgen e improvisando sobre la marcha. Mi ilusión se vino abajo cuando el capitán me dijo que yo actuaría únicamente como segundo jefe, en vez de mandar mi propia sección. Pensé que esto sería una encerrona y mis sospechas se vieron bien fundadas en el transcurso de las maniobras, pues mi misión no era otra que la de ser el secretario del capitán cuando no un pasivo espectador de cuanto estaba ocurriendo.

De vuelta al cuartel, después de las maniobras, me presenté al coronel y le rogué que por el bien de la compañía y del mío propio me cambiase de destino, pues los roces con mi mando inmediato eran continuos. El coronel me negó lo que le pedía alegando, por un lado, que había sido el capitán quien había pedido que fuese yo a su Compañía y que, por otro lado, el mismo capitán llevaba un tiempo cursando papeletas en petición de un nuevo destino. Las palabras del coronel al menos me dieron una pista.

A fuerza de preguntar a unos y a otros conseguí enterarme de que el capitán estaba encontrando dificultades en su búsqueda de un nuevo destino, a razón de su puesto de promoción. Supe también que había pedido un destino en la Legión donde, a diferencia de los regimientos convencionales, los destinos se conceden por libre designación. Empecé, por lo tanto, a moverme avisando amigos míos que podían tener influencias en la Legión. El caso es que el capitán consiguió su deseado destino en el Tercio en Navidades y para mí, en Canarias, el panorama se planteaba con mucha mayor claridad.

CAPÍTULO XV

La tropa

Mis dificultades con el capitán, sin duda, fueron la preocupación prioritaria en aquellos primeros meses de cuartel. También me preocupé, sin embargo y a pesar de sus acusaciones, en conocer a la tropa. Me hice una reflexión inicial acerca del muy bajo nivel cultural de muchos de los que hacían el servicio militar. Evidentemente el servicio militar es muy positivo para quienes hasta el momento de ser llamados a filas han vivido en un medio rural, sin apenas salir de su aldea. Casi un 40 % de mi Compañía provenía de ambientes subdesarrollados y eran chicos con un ínfimo nivel cultural, muy brutos y con una capacidad de comprensión muy reducida. Reflejando esta realidad del país, las fichas para las clases teóricas de armamento, de leyes militares y de moral que enviaba el Estado Mayor estaban redactadas de una manera extremadamente sencilla. Aun así, en todas las clases, existía una minoría bastante numerosa que no entendía lo que se decía. Los había, por poner un ejemplo, que desconocían por completo lo que es un «ángulo». Al acabar la clase siempre había que separar a algunos y machacarles de nuevo la lección.

El elemento negativo del servicio militar es, obviamente, que para la mayoría que tiene un adecuado nivel cultural este período es frecuentemente una pérdida de tiempo. La filosofía de todo servicio militar en cualquier país es, sin duda, la de preparar a sus hombres para defender la patria. Se resaltan los valores de los ejércitos, el sacrificio por el bien común y la unidad y la integridad de la patria. El oficial, sin embargo, no debe engañarse y sabe muy bien que una parte importante de los reclutas se licencian odiando cordialmente el Ejército y mucho de lo que representa. Esto será inevitable, pero una reflexión común entre los que salíamos de la Academia era que mucho más se podía hacer por aquellos del reemplazo que, inicialmente, están interesados por temas de defensa y de la preparación para una guerra. Estos que podrían ser buenos soldados se pasan el servicio militar haciendo otras tareas, como las de oficinistas, que poco tiene que ver con las armas.

Al observar de cerca la tropa, me preocupó también el proceso de selección del reemplazo. Además de las razones físicas excluyentes, debería existir mayor rigor para evitar la entrada en filas de quienes están psicológicamente trastornados. Además, debería haber un psicólogo por Regimiento. La ausencia de estos criterios desemboca frecuentemente en tragedias que quizá podían haber sido evitadas y, desde luego, dio lugar a un desagradable incidente en una Compañía de mi Batallón.

El sujeto de la historia era un cabo a quien los mandos tenían por «ejemplar». Era el primer voluntario para todas las tareas duras y se decía de él que llegaba a adivinar los deseos de los mandos antes que éstos los expresasen. Detrás de esta ejemplariedad había una historia personal difícil y complicada. El chico tenía enormes dificultades con sus padres, con quienes no se entendía y su novia estaba embarazada. Más tarde supe que sufría continuas pesadillas que le impedían dormir. Tenía el convencimiento de que querían arrestarle y a todas horas oía voces en su cabeza que le daban continuas órdenes. El «cabo ejemplar» sufría un proceso de paranoia galopante y nadie supo detectarlo.

La locura le sobrevino al cabo cuando estaba el batallón en el campo de maniobras y él era el encargado del bar de oficiales. Una noche se hallaban los mandos reunidos tomando unas copas después de que la tropa se hubiera acostado. Apareció el cabo, subfusil en mano, y ordenó a los oficiales que se fueran a dormir. Al no reaccionar los mandos el infeliz cabo disparó una ráfaga por encima de sus cabezas. Cuando fue reducido dijo que había tomado unas copas y que no sabía lo que había ocurrido.

Al marcharme yo del Regimiento el «cabo ejemplar» seguía pasándose la mitad del tiempo en el hospital militar y la otra mitad en el calabozo del Regimiento. En el hospital militar de Las Palmas existía un servicio de siquiatría que en teoría estaría al mando de un siquiatra, pero en el tiempo en que yo estuve este puesto estaba vacante.

Otro ejemplo de inadaptación patente tenía como héroe de la historia a quien se decía era el soldado más famoso del Regimiento —un gitano de Granada— conocido por todos por el mote *el Pajarillo*. Era miembro de mi Compañía, pero tardé tiempo en conocerle directamente, pues al llegar yo a Canarias *el Pajarillo* estaba cumpliendo un arresto de seis meses en la Prisión Militar de la Isleta. Por referencias supe que el chico ignoraba por completo lo que significaba la palabra respeto. Nada más cumplir su arresto, *el Paja-*

rillo cayó otra vez en desgracia. Era un sábado y estaba yo de oficial de guardia cuando después del toque de silencio vino el cabo primero de semana con *el Pajarillo* cogido del brazo, pues había organizado un follón más en la compañía. El chico era bajito, moreno, con ojos muy negros y delgado. La verdad es que cuando me lo trajo el cabo me resultó simpático *el Pajarillo*, pues tenía toda la gracia y la fantasía de su raza. De entrada me dijo que no podía dormir porque esa tarde se había tomado un «tripy». Con cara de picardía me preguntó: «¿Sabes lo que es un "tripy"?»

Le contesté que me imaginaba que se refería a un ácido y le dije que me importaba bastante poco lo que hiciese cuando estaba de permiso con su cuerpo o con su cerebro. «Yo no puedo controlar el que tú te drogues —le dije—, pero has de ser capaz de controlar lo que tomes y más si tienes que volver al cuartel, donde has de guardar unas normas de comportamiento muy estrictas.» Añadí que me vería obligado a encerrarle inmediatamente de nuevo de haber más quejas y que en todo caso informaría al capitán, que es a quien corresponde decidir sobre los arrestos. El hombre se fue con el cabo primero y no supe más del *Pajarillo* hasta la mañana siguiente, cuando me presenté al capitán con la intención de relatarle el incidente.

Mi sorpresa fue que el capitán, no solamente se había informado del tema personalmente, sino que también había tomado ya su decisión. Supe que había cursado un parte en el cual acusaba al *Pajarillo* de agresión de obra a un superior, especificando a continuación que yo le había ordenado volver al dormitorio. La iniciativa del capitán fue un ejemplo más de los malentendidos constantes que tenía yo con él. La noche anterior, según me había contado el cabo primero, el incidente no había pasado de una simple discusión. De haber existido agresión de obra, era mi deber encerrar inmediatamente al *Pajarillo* en el calabozo.

Pero no se trataba de mi problema personal con el capitán, sino del problema propio del *Pajarillo*. Era gitano y había sido educado como tal. Amaba la libertad y estremecía su cante flamenco. Tenía sus convicciones propias y éstas chocaban frontalmente con todo lo que suponía el Ejército y el concepto de disciplina. No se amilanaba ante nadie y había recibido verdaderas palizas de varios mandos. Tenía un primo que también estaba en la Compañía y que era un buenazo a quien le llovían muchos golpes. *El Pajarillo* se enfrentaba a todos por defender a su primo. A mí me pareció que su caso era excepcional y que como tal tenía que ser tratado. Me pareció claro que los encierros continuos del *Pajarillo* sólo servían para quitarse el problema de encima y que las palizas que recibía eran el desahogo de quien las propinaba. Lo cierto es que *el Pajarillo* era capaz de sacar a cualquiera de sus casillas, pero era más cierto aún que *Pajarillo* era un perfecto inadaptado para el servicio militar.

Fui a ver al capitán juez del Regimiento para interesarme por el futuro del gitano. La situación de éste era dramática. A razón del parte cursado por el capitán le caerían al *Pajarillo* de tres a seis años, probablemente cinco. Cuando acabara de cumplir condena, tendría que volver al Regimiento para terminar su servicio en filas; dado su carácter, poco tardaría en volver a la prisión. Me empezó a obsesionar la posibilidad de que *el Pajarillo* acabase sus días en una prisión militar cuando de ningún modo era un criminal, siendo su único delito el ser gitano hasta la médula.

Estos serios problemas del *Pajarillo* coincidieron con la marcha del capitán a su destino en la Legión. Al hacerme cargo yo de la Compañía tenía mayores posibilidades de salvar a *Pajarillo.* Pronto comprendí en mis charlas con el juez que la única salvación que tenía *el Pajarillo* era que el cabo primero en su declaración desmintiera al capitán. Con un poco de mano izquierda pude conseguir que el cabo declarase que todo se había tratado de una discusión con agresión de palabra y ahí quedó la cosa. Posteriormente me enteré por un escribiente que estas gestiones mías habían provocado el siguiente comentario de un suboficial ayudante del juez: «Si el teniente Bordiu no fuera nieto de quien es, diría que es socialista.» Nunca he acabado de entender la capitalización de la honradez conseguida por el socialismo español.

Lo cierto es que *el Pajarillo* era totalmente inútil para el Ejército. Evitado este arresto mandado por el capitán, decidí llevármelo al campo en unas prácticas de Compañía como escolta en mi coche. La experiencia fue desastrosa. Por primera vez en mi vida, en dos ocasiones, me perdí con el resto de la Compañía. Más adelante en estas prácticas el brigada tuvo que arrearle una bofetada, porque se había metido en la cocina molestando y desorganizando todo. Completamente alocado *el Pajarillo* consiguió en una sola hora romper seis tiendas de campaña de sus compañeros. Aquella misma noche tuve que llevarle al cuartel y encerrarle en el calabozo. Cuando me iba me gritó desde su encierro: «Cristóbal te vas a acordar de mí.»

No le faltaba razón, pues lo cierto es que le sigo recordando. A raíz de aquellas prácticas intenté que le licenciaran por desequilibrio sicológico pero, incomprensiblemente, esto fue imposible. Meses más tarde, estando yo ya fuera del Ejército, gracias a mi segundo Diego, que compartía mis preocupaciones en torno a *Pajarillo,* el coronel finalmente accedió a licenciarle unas semanas más tarde que el resto de su reemplazo.

El Pajarillo, debido a su inconsciencia total, al menos se buscaba los problemas. Éste, desde luego, no fue el caso de un chico de Ávila que estuvo en el calabozo todo el tiempo que permanecí en el Regimiento. Cuando me enteré de su caso aluciné con lo que puede llegar a ser la burocracia militar.

Debido a su estado físico, este chico de reemplazo había obtenido una inutilidad temporal y se había vuelto a casa de sus padres en Ávila. Pasado un tiempo el chaval volvió a Canarias, todavía recuperándose y de vacaciones, pero la maquinaria burocrática seguía su camino. Apareció en su casa una citación ordenándole presentarse en el cuartel de Ávila. Al no acudir lógicamente a la citación, se presentó en la casa paterna la Guardia Civil. Cuando por fin la familia pudo dar con él, el chico inmediatamente vino al cuartel a exponer su caso. Sin más contemplaciones acabó en el calabozo y su aparición fue comunicada al juez del Regimiento.

El juez del Regimiento mandó varios exhortos a su colega en Ávila, pero éste debía tener bastantes casos acumulados y más urgentes, pues no hubo contestación. El caso es que el chico de Ávila llevaba encerrado más de seis meses, sin ser consciente de haber infringido ningún precepto y, desde luego, sin recibir ninguna explicación.

El atropello que sufrió este chico de Ávila me deprimió enormemente, lo mismo que la inflexibilidad mostrada en el caso del *Pajarillo* y la falta de anticipación y la ausencia de atención médica después en el caso de «el cabo ejemplar». Estas preocupaciones fueron el caldo de cultivo que desembocó en la decisión, que con el tiempo se hizo inaplazable, de abandonar el Ejército. Había, por supuesto, otras frustraciones y otros sinsabores. También, sin duda, hubo momentos casi lúdicos en los cuales me empleaba a fondo y disfrutaba.

El autor en el «Azor».

CAPÍTULO XVI

Ejerciendo el mando

Uno de los trabajos más gratificantes de un teniente en mis circunstancias era la llamada patrulla de oficial. Esto no era más que un ejercicio de reconocimiento de una determinada zona desde el punto de vista militar. Significaba apartarse del cuartel, pernoctar en el campo y ejercer el mando.

La patrulla, junto con el teniente, constaba de un sargento, dos cabos y diez soldados. La misión del teniente era la de rellenar los distintos apartados de unas fichas que daban cuenta de las posibilidades de desembarco, de infiltración hacia el interior, de vías de comunicación y de las características de la población local. Existía un margen a la creatividad, pues había que aportar también croquis y panorámicas fotográficas. A lo largo de una semana recorríamos la zona elegida en dos Land-Rover, recogiendo datos desde las ocho de la mañana hasta las cinco de la tarde. Servir en Canarias tiene sus ventajas, pues puede elegir como lugar de acampada magníficas playas desiertas donde, concluido el trabajo, la tropa podía dedicarse al baño. El momento culminante de la patrulla de oficial fue cuando apareció por «nuestra» playa un autobús repleto de suecas nudistas que se quedaron con nosotros hasta caer la tarde. El comentario que llegó a mis oídos de la tropa fue del orden de «esto sí que es una buena mili»; de vuelta al cuartel la patrulla contaría las mil y una aventuras con las suecas desnudas en la playa mientras se ponía el sol. La verdad, porque fui testigo de ella, es que el soldadito español se quedó boquiabierto y con ojos como platos, inmovilizados y petrificados todos, mientras que las valquirias del autobús les ignoraban olímpicamente. Ellas brindaron sus encantos exclusivamente al sol invernal canario y nadie se comió una rosca.

Yo contemplé la situación y pensé que era digna de ser recreada por un buen cineasta, pero en aquel momento estaba más preocupado por la suerte de una botella de coñac Torres Diez que tenía para mi disfrute personal. Había reunido a la patrulla para aclararles que aquella botella no pertenecía al suministro de bebidas que habíamos montado y que, por lo tanto, era intocable. Fue como predicar en el desierto, pues el contenido de mi botella era mermado impepinablemente. Recordé que siendo yo cadete había cometido el mismo pecado durante unas maniobras en el Campo de San Gregorio, donde la única forma de protegerse del frío era echar mano del licor del mando. No me preocupé en buscar a los responsables del atraco a mi coñac pero, eso sí, escondí bien lo que quedaba de él. Una vez más quedó demostrado para mí que, tarde o temprano, el que la hace, la paga.

La patrulla de oficial fue más bien una excepción en una vida de rutina machacona que, por mi propio estado de ánimo, se me presentaba más y más irritante. Para colmo teníamos en el Regimiento, como en cualquier grupo humano de alguna extensión, un auténtico gafe.

El sujeto era un comandante y hasta los más escépticos de los oficiales evitaban nombrarle y si lo hacían buscaban rápidamente un trozo de madera para tocarlo. Hasta tales límites llegaba la gafería del comandante en cuestión, que los había entre el mando que llevaban en el bolsillo un palillo por si ocurriera algún imprevisto.

Teníamos por rigurosamente cierto que siempre que el comandante centraba su atención en algo o rondaba por el medio, ocurría alguna desgracia. En unas fiestas de la Inmaculada el hombre se acercó a un grupo de chavales preguntando «a ver que tal van esos cohetes». Faltó tiempo para que explotasen todos los cohetes a la vez y milagrosamente no hubo heridos de consideración. Se decía que el comandante en una ocasión firmó un permiso para una caravana militar que cruzaba la isla y en la cual volcó un vehículo, matándose un soldado.

La primera vez que conversé con el comandante gafe me dijo. «Tú siendo de Madrid, donde se conduce bastante rápido, ten cuidado no vayas a tener un accidente aquí, donde la gente conduce muy mal.» No pasó mucho tiempo cuando el 20 de noviembre tuve el espantoso accidente. Meses después, reflexionando en torno a mi salida del Ejército, supe gracias a la objetividad que presta el distanciamiento de los hechos que aquel accidente y el sentirme actor de unas muertes marcó un hito en todo el proceso de salida del Ejército.

Un factor añadido en la creciente irritación que sentía se debía a la puesta en práctica, paradójicamente, de una política con la cual estaba yo, a priori, totalmente de acuerdo. Ésta no era más que el fomento de las relaciones cívico-militares para así estrechar los lazos entre ambos estamentos. Desde mis tiempos de campamento, antes de ingresar en Zaragoza, estaba obsesionado con la idea de

Tengo la impresión que, para la mayoría de los oficiales y jefes, Rodríguez Sahagún no contaba. (En la foto, en la toma de posesión del nuevo presidente del Consejo Supremo de Justicia Militar.)

El complot «Galaxia» sirvió para que se descubriese a Tejero (en la foto, con el capitán Sáenz de Ynestrillas) **como un técnico en todo lo referente al golpe de estado y como un hombre dispuesto a ir hasta los límites.**

Alfonso Armada, desde luego, no era persona exaltada a quien le sudaba la pistola. (En la foto, detrás del Rey.)

Jaime Milans del Bosch: su prestigio dentro de las Fuerzas Armadas era innegable. (Con el Rey don Juan Carlos.)

construir puentes y deshacer malentendidos. En mi opinión esta iniciativa, que era obra del capitán general, estaba mal enfocada y de poco podía servir.

La intención sin duda era buena y se consiguió algo positivo al institucionalizar algo así como un día abierto de las Fuerzas Armadas, todos los viernes, cuando venían a visitar el Regimiento clases enteras de colegiales. Les paseábamos por las distintas dependencias y lugares donde los soldados desarrollaban sus actividades y luego un batallón desfilaba, para su deleite, cantando finalmente el Himno de Infantería. Al profesorado que acompañaba a los niños les dábamos una copa de vino.

El grueso de estas relaciones cívico-militares era, sin embargo, un curso de charlas fuera del horario de trabajo —lo cual ya de por sí fastidiaba— que iban a cargo de personalidades, en el Círculo Literario de la ciudad de Las Palmas. Eran un pestiño estas charlas y para lo único que servían era para poner a prueba la paciencia de los jefes y oficiales asistentes y de algún periodista enviado por su diario para cubrir la noticia. Un ejemplo del tema de estas charlas era la que me tragué de «La evolución agrícola en el archipiélago canario y su incidencia en la estrategia militar». Recuerdo que esa charla, en concreto, sirvió para que el conferenciante militar hiciera propaganda descarada pro OTAN. Mis ilusiones de un acercamiento entre lo civil y lo militar tenían un enfoque bien distinto. De entrada, pensaba que lo importante era hacer posible que el militar se acercase lo más posible a la vida civil. Esto no se conseguía precisamente convidando a contados y seleccionados civiles o militares a que expusieran sus temas a un reducido grupo que no tenía más remedio que asistir a las charlas.

Otras charlas, éstas de militar a militar, me irritaban aún más. En mi tiempo en Canarias se puso muy de moda la práctica de reuniones periódicas de jefes y oficiales que tenían como meta el mejorar los niveles de conocimientos tácticos y militares en general. Una vez más la idea podía ser muy buena y válida, pero en este caso la iniciativa se estrellaba contra la mentalidad y los usos reinantes en el Ejército.

De hecho hubo jefes que se lanzaban al ruedo de las charlas explicando cuestiones de táctica con una visión y unos conocimientos totalmente desfasados. La táctica es una materia muy viva, que se renueva continuamente con la aparición de nuevos armamentos.

Se nos dirá que los recién salidos de la Academia éramos muy gallitos y muy sabelotodo. Pero en honor nuestro debo decir que teníamos que soportar charlas en las cuales el jefe de turno, hablando de táctica, incurría en errores garrafales. La frustración venía cuando, cada vez que se intentaba, con mil sutilezas, corregir lo dicho, se nos recordaba tajantemente la antigüedad de quien hablaba y se nos hacía callar. No había manera de clarificar las cosas y al final uno optaba por no prestar atención y aguardar pacientemente a que acabase la reunión.

Al reflexionar los pasos, un paso tras otro, un motivo encima de otro, que desembocaron en mi decisión de apartarme del Ejército, reconozco que me molestaba más y más el horario rígido de mi trabajo. Antiguamente los militares profesionales no eran esclavos de esta rigidez, cosa que desde luego provocó auténticos abusos de pluriempleo y casos en los cuales había oficiales que solamente aparecían por el cuartel a final de mes a recoger su sueldo. La ley de dedicación plena, impulsada por el teniente general Gutiérrez Mellado, cambió todo esto e impuso las ocho horas impepinables de trabajo.

Algunos días este tiempo no bastaba y había que prolongar la estancia en el cuartel resolviendo asuntos. Otros días, sobraba el tiempo. En el caso de estar la Compañía cumpliendo servicios de guarnición, los oficiales rellenaban su tiempo con lecturas o desgastándose los dedos con una baraja. También era corriente entre los mandos imponerse, o imponer a los demás, alguna tarea inútil.

Entre el horario, los servicios y las maniobras, además de alguna que otra invención del general, resultaba que apenas se tenía tiempo para dedicarse uno a cualquier otra actividad. Con el nuevo reglamento se estrellaron muchas ilusiones, al menos ésa fue la experiencia mía. Debería existir alguna postura intermedia que permitiera una cierta flexibilidad que evitase el pasar las horas muertas en el cuartel y que al mismo tiempo no diera lugar a que existan «jetas» que se pasen y no cumplan con sus obligaciones.

Indudablemente mi desilusión por mi situación crecía por momentos. Cada día se me hacía más cuesta arriba ir al cuartel y estaba harto de tener jefes y pasarme la vida cumpliendo órdenes. Seguramente mi decisión ya estaba tomada, pero en aquel momento no me di cuenta de ello. Tuve, en todo caso, aquellas Navidades de 1981 la que fue quizá mi última satisfacción en el Ejército: el capitán se marchó a su destino legionario y yo me quedé mandando la Compañía.

Al tener el mando me propuse un objetivo y creo, modestamente, que lo cumplí. Quería ante todo poner en práctica las enseñanzas que recibí de mi buen maestro Julián Ezquerro y pienso que obtuve resultados, pues a mis soldados se les notaba una cara de mayor alegría. Para entonces era yo muy consciente de que el régimen militar era suficientemente duro por sí mismo como para empeorarlo voluntariamente. Desde luego me preocupé porque se cumplieran lo mejor posible todas las misiones encomendadas a la Compañía, guardando todas las normas de educación militar. Pero me obsesionaba el facilitar y hacer más llevadera la vida del soldado. Por lo tanto moderé, dramáticamente, los arrestos y llegué a tener una Compañía tan disciplinada o más que las del resto del Regimiento, con un número significativamente menor de medidas disciplinarias.

El alcanzar el mando de una Compañía fue el punto de retorno en mi decisión ya muy asumida de buscar una vida nueva fuera de la esfera militar. Con el mando de una Compañía había llegado, en un corto plazo de tiempo, al máximo que podía esperar en mi empleo y en un futuro empleo de capitán. Estaría haciendo lo mismo montado en un carro de combate o en un helicóptero: esencialmente la labor no iba a variar en ocho años. Empecé, definitivamente, a tener la sensación de que perdía el tiempo, ya que había alcanzado mis metas y había aprendido lo que me había propuesto. Con mentalidad todavía militar, pensé que una retirada a tiempo era una victoria.

Una vez pedida mi baja, muchos de mis compañeros jefes y oficiales me dieron a entender que ellos también habían llegado a los puntos de depresión y de desilusión en los que yo me encontraba. Supe así que también los había entre mis compañeros que hubieran seguido mi camino de saber hacia dónde orientarían sus pasos en la vida civil. Todos, sin duda, pensaban que dejaba el Ejército para dedicarme a hacerme rico, valiéndome de mis posibilidades familiares, en un trabajo cómodo. Nadie sabía que lo único que yo tenía claro es que quería dejar el Ejército para dedicar mi tiempo a escribir.

Epílogo

A comienzos de 1982 decidí dar un nuevo giro a mi vida. El detalle exterior fue abandonar la carrera militar. Lo que en principio podía parecer fácil, llegó a convertirse en una auténtica pesadilla. Los hechos se liaron y solamente conseguí mi propósito tras una desagradable etapa.

Con la perspectiva que da el tiempo, pienso que incluso aquella última experiencia fue positiva. Como se dice en lenguaje «cheli», no se puede conocer una sociedad «sin tocar el piano». Otros pasaron por Carabanchel, yo estuve un mes en una prisión militar.

Se abre, por lo tanto, el telón, y comienza el último acto.

Las Palmas, playa de Guayedra, miércoles 10 de febrero

El día es espléndido, no hay una sola nube en todo el contorno, como he podido comprobar desde la terraza. Mi primera idea es la de llamar a una amiga para disfrutar con ella de un día de playa, pero vence en mí la necesidad de soledad y meditación. Desde hace tiempo, siento que algo no funciona en mi vida, tengo que hallar el motivo y resolverlo. Como en anteriores ocasiones, intuyo a grandes rasgos de qué se trata: debo dar un nuevo paso en la vida, el anterior está suficientemente afianzado y apenas nada nuevo aporta. Mi entorno está teñido de un gris monótono.

Tomo el automóvil y me dirijo a una playa perdida, en el acantilado, desconocida para la mayoría de los habitantes de la isla.

Gaviotas, olas y sol por compañía.

Tumbado sobre una roca plana, bajo la que baten las olas, relajo mi cuerpo y espíritu alejando de mi mente los pensamientos cotidianos, tratando de llegar a una dimensión desde la que pueda ver con claridad el motivo de mi decaimiento general.

Mi amigo el Atlántico se ha ocupado de despertarme con un jarro de agua fría. Me quedo observando la puesta del sol mientras analizo la idea de dejar el Ejército. En los meses siguientes me planteo la vida bajo esa perspectiva y llego a cerciorarme de que la luz ha disipado la niebla de los últimos tiempos.

Las Palmas, Regimiento de Infantería Canarias 50,
jueves 11 de febrero

Acudo como de costumbre, a las ocho, a la monotonía cuartelera. La perspectiva es distinta, y sabiendo que estoy viviendo el final de una etapa que ha durado seis años, me esfuerzo aún más en cumplir con pulcritud mis deberes cotidianos.

Idem, lunes 8 de marzo

Comento con Diego, mi segundo en jerarquía militar dentro de la Compañía, la decisión tomada.

—Te comprendo —me dice—, pero ¿por qué no esperas más tiempo?

—¿Para qué? Tengo suficientemente claro lo que quiero hacer, y permanecer más tiempo en esta situación me parece absurdo; cada día esto se me hace más cuesta arriba. ¿Quién me podría orientar acerca de cómo pedir la baja?

—Pregúntale al primo Juan. —Dentro del cuartel formábamos un grupo de amigos en el que, entre nosotros, nos llamábamos primos—. Él está impuesto en cuestión de papeleos.

En la oficina donde Juan trabaja, y tras explicarle mis deseos...

—... así que me gustaría que me informaras de cómo está la reglamentación vigente para conseguir mi propósito.

Idem, miércoles 10 de marzo

Un par de días más tarde, y tras estudiar las situaciones a las que un militar profesional en mi situación se puede acoger, redactamos una instancia pidiendo la baja a todos los efectos.

Idem, jueves 11 de marzo

Cuando presento la instancia, es curioso observar cómo todos evitan ser los primeros que acepten cursarla, siendo por fin el segundo jefe —el coronel se hallaba ausente— quien lo hace.

No me cabe la menor duda que el abortado golpe de estado influyó palpablemente en el curso político. Se consiguió, a pasos acelerados, el ingreso en la OTAN. Hubo un nuevo planteamiento del orden autonómico. La moderación política era la orden del día. Las Fuerzas Armadas fueron tratadas con sumo tacto y respeto. El Rey consiguió una base popular que indicaba que la Monarquía había echado raíces en el pueblo español. (Fuerzas de la Policía Militar montan guardia ante la entrada del Congreso de los Diputados en la madrugada del 24 de febrero de 1981.)

El video del golpe, con el dramatismo encerrado que contenía, ocultaba para algunos sectores un guión infinitamente más complejo. Tejero, el técnico del golpe, ni por asomo tenía el guión completo. (Gutiérrez Mellado zarandeado por números de la Guardia Civil.)

Las Palmas, Tafira, domingo 28 de marzo

Concedo la entrevista a *Interviu*, llegando al acuerdo con el periodista de que no se publique sin contar con mi permiso. Por motivos periodísticos insisten en sacar la entrevista el miércoles siguiente a la Semana Santa. Me reitero en mi decisión de que esperen mi conformidad.

Las Palmas, Regimiento de Infantería Canarias 50, lunes 29 de marzo

A pesar de haber mantenido una gran discreción al respecto, la mayoría de mis subordinados y compañeros, amén de superiores, saben respecto de mi petición de baja. La labor de mando aparece revestida de curiosos y problemáticos matices.

En vista de la tardanza, obtengo un permiso de una semana de duración, por gracia de mi coronel para desplazarme al Cuartel General del Ejército en Madrid y activar en lo posible, por medio de mis relaciones personales, la concesión de la baja.

Madrid, palacio de Buenavista, miércoles 31 de marzo

Mi primer contacto dentro del Cuartel General es un hombre simpático, y al exponerle mis inquietudes replica:

—Mira, tienes que entender que para el Ejército eres lo que un caramelo en la boca de un niño; es lógico que no te quieran dejar salir.

Es una lástima que, a diferencia de los caramelos, y entre otras, tenga uno la capacidad de pensar y sentir por cuenta propia. En lo que sí me puedo parecer a los caramelos es en que éstos, a base de ser chupados, se desgastan, cuando no caen en poder de un nervioso que los mastique y engulla en un momento.

En el transcurso de una mañana recorro los distintos despachos oficiales de los responsables del curso de mi baja, exponiéndoles mi firme decisión de abandonar el Ejército y mi perplejidad ante tanta demora innecesaria. Durante todo el recorrido me acompaña don José, quien, al final de la visita, se compromete a llamarme e informarme del asunto.

Madrid, Hermanos Bécquer 8, sábado 3 de abril

Me llama don José:

—La baja ha sido firmada por el JEME (Jefe del Estado Mayor

del Ejército) y enviada a la imprenta; saldrá el jueves o el sábado que viene a lo más tardar...

Llamo a la revista y autorizo la publicación del artículo para el miércoles de la semana siguiente, fecha que ellos deseaban, a la vuelta de la Semana Santa.

Las Palmas, Maspalomas, lunes 5 de abril

Comienzo a disfrutar el período de permiso oficial que me corresponde. Días de descanso, sol y playa en compañía de dos amigas, una rubia, otra morena, apodadas, respectivamente, Claudia y Clea.

Las Palmas, Tafira, martes 13 de abril

Llamo al Cuartel General del Ejército y recibo una fuerte sorpresa:

—La baja aún no ha salido y me han dicho que falta un informe del general gobernador de Las Palmas, cosa de dos o tres semanas...

Comunico con el coronel de mi Regimiento:

—Aún no ha salido la baja y mañana aparecen unas declaraciones mías en la prensa en las que hablo del Ejército.

Me pregunta sobre el tipo de declaraciones:

—Pienso que son positivas para la institución militar.

Idem, jueves 15 de abril

En el periódico local aparecen reflejadas algunas frases sueltas, son coincidentes con los recuadros aparecidos en la revista de origen y sacadas de su contexto.

Por la noche recibo una llamada del teniente de guardia del Regimiento:

—Tienes que presentarte lo antes posible al capitán de cuartel.

Pido hablar con el capitán de cuartel pero no logran localizarlo. Al cabo de un rato recibó su llamada:

—Debes presentarte mañana a las diez y media.

Las Palmas, cuartel de Mata, viernes 16 de abril

A las nueve y media de la mañana aparece en casa un compañero con un sobre en el que se me comunica que a las diez esté en el juzgado del cuartel de Mata.

El juez me dice que tengo que declarar con vistas a unas diligencias previas que esclarezcan si se debe instruir una causa judicial o no. Pido llamar a un abogado; en el propio juzgado me insisten para que tome uno que ellos me ofrecen. Me niego y hago venir a un amigo mío. Se le prohíbe la entrada al recinto del acuartelamiento, por lo que tengo que darme un paseo hasta el exterior cada vez que quiero hacer alguna consulta. En este primer interrogatorio se me hicieron, entre otras, las siguientes preguntas:

—¿Concedió usted la entrevista?

Contesté afirmativamente.

—¿Ha aparecido tal y como se había concedido?

—Necesito una fotocopia que guardo en Madrid para poder contestar a dicha pregunta.

Estas primeras declaraciones se hicieron a la mayor velocidad posible, según parece por exigencia de la superioridad.

El juez desapareció durante un rato, en el que mantuvo una conversación telefónica con ignoro quién. A su vuelta:

—Mira, esto no te lo debería decir, pero tu baja ha salido reflejada en el *D.O.E. (Diario Oficial del Ejército)* del día quince. Ahora se trata de que respondas con calma a otra serie de preguntas.

Se me pide explicación a una respuesta de la entrevista.

—No puedo explicar mis respuestas, lo que implicaría una ratificación de las mismas, hasta que tenga en mis manos la fotocopia.

—¿Cuánto tiempo necesitas para hacer traer la fotocopia a tus manos?

—Teniendo en cuenta que las llaves del apartamento donde se encuentran las tengo que enviar primero a Madrid, calculo que no antes del lunes o el martes.

—¿No podría actuar un cerrajero?

—Se trata de puertas de seguridad blindadas.

Se me ordena ir al Regimiento y presentarme a mi coronel. A mi llegada al cuartel me dicen que se encuentra ausente pero he de esperar hasta ser recibido cuando llegue.

Al entrar en su despacho se encuentra reunido formando un círculo con mis mandos directos de mayor jerarquía en el cuartel. Me hacen situarme en medio para escuchar sus opiniones, entre las que recuerdo:

—Los generales que trataban con tu abuelo tenían lo que hay que tener bien puesto y no se «amilanaban» ante nadie.

—El Ejército ha sido siempre el de España y eso tu abuelo lo tenía bien claro.

Al final del chorreo me dice el coronel:

—Le he pedido por dos veces al capitán general que me permita arrestarte los catorce días que están en mi mano y en ambas ocasiones me lo ha denegado. Después me ha comunicado que él mismo te ha impuesto un arresto de un mes a cumplir en el Castillo de Santa Cruz de Tenerife.

Me entrega la comunicación del arresto, que es de cumplimiento inmediato. Trato de sacar un billete para esa misma noche pero sólo hay para el día siguiente. Me dan un tiempo para dirigirme a casa y preparar el equipaje.

Al llegar a casa llamo a mi familia y amigos para que se enteren si realmente ha salido mi baja. Si como me han dicho en el juzgado del cuartel de Mata, ya ha salido publicada en el *D.O.E.*, he dejado de ser militar y no creo que tenga por qué cumplir ningún tipo de arresto. No soy capaz de localizar a nadie; mis padres están de viaje y los amigos que me pueden ayudar no contestan al teléfono.

Por indicación de Claudia llamo a un vecino suyo en Madrid, abogado de prestigio, relacionado con la política y la prensa y del que había oído hablar, quien tras exponerle la situación me dice:

—El lunes tengo una entrevista con el ministro de Defensa. A mí me parece una chorrada lo del arresto habiendo pedido la baja el once de marzo. Lo mejor que puedes hacer es desaparecer hasta el lunes, porque si entras en el Castillo va a ser más difícil hacerte salir. Busca un escondite y llámame el lunes, que yo creo que se podrá arreglar sin darle más bombo al asunto.

Siguiendo el consejo del abogado, cojo lo indispensable y junto con Claudia y Clea me retiro a una casita que un amigo posee en el interior de la isla.

Las Palmas, Agaete, sábado 17 de abril

La mañana transcurre plácidamente en la naturaleza, disfrutando de buena compañía. En las noticias de la radio escucho la noticia, según fuentes bien informadas de la Capitanía General, de que me encuentro cumpliendo un mes de arresto en el Castillo de San Joaquín de Tenerife por ofensas vertidas contra la institución militar. No me cabe imaginar, inmerso en aquel valle de paz, que en puertos y aeropuertos hay extendida a mi nombre una orden de busca y captura. Al mismo tiempo, compañeros míos del Regimiento andaban visitando a todas aquellas amistades que sabían que frecuentaba, llegando incluso a registrar la agenda personal de una de ellas y llamar a un amigo que desde hacía varios meses vivía en Nueva York; como es natural se quedó atónito.

Por la tarde hago una serie de llamadas por teléfono, incluida la del abogado de Madrid. Coinciden todos en que lo mejor que puedo hacer es presentarme inmediatamente ya que la noticia ha salido reflejada en toda la prensa nacional y parte de la internacional.

Telefoneo al oficial de guardia y le comunico que me dirijo al cuartel.

La única carretera de acceso a mi escondite se encuentra cerrada al tráfico por ser un tramo perteneciente al Rallye de Gran Canaria que se celebra justo ese día. Por fin, cuando lo consigo, avanzada la noche, me presento en el cuartel.

Las Palmas, Regimiento de Infantería Canarias 50,
domingo 18 de abril

Desayunando, me encuentro con un compañero de cuartel y academia quien, tras mi saludo, se concentra en una cajetilla de Winston sin inmutarse.

Por falta de billetes, tengo que ir al aeropuerto en dos ocasiones, ambas en coche oficial y gentilmente acompañado por otro compañero como escolta. A él lo único que le ha molestado de la entrevista es cuando al final digo como respuesta a una pregunta: «Soy tan buen oficial que he dejado de serlo.» Tengo que aclararle que tanto la pregunta como la respuesta son añadidos del periodista.

Sólo en la segunda ocasión encuentro en el aeropuerto a un amigo de profesión, que para despedirme ha tenido que desobedecer instrucciones expresas que lo prohibían.

En el avión siento una extraña y divertida sensación cuando, entre los pasajeros, reparten un periódico, lleno de difamaciones en mi contra, en el que en primera plana se da la noticia de mi arresto junto con una fotografía en la que aparezco de uniforme, tal y como lo estaba en ese momento.

Santa Cruz de Tenerife, Castillo de San Joaquín, lunes 19 de abril

A las nueve y media de la mañana me recibe el comandante jefe del Castillo. Me da la bienvenida, si puede haber bienvenida en una prisión, y se interesa por mi instalación: «Le agradecería, si es posible, el trasladarme a la habitación que queda libre, ya que justo en la ventana de la que ahora ocupo, cada dos horas, la guardia revista sus armas en el relevo, con el inevitable ruido que me impide dormir.» Mi petición es aceptada. En el traslado echo en falta una carpeta donde guardo parte de mis documentos personales. Tras una

A todo caballero cadete le impacta su primer contacto con la Academia General Militar.

Para mí, Julián, el capitán Ezquerro, se convirtió en un punto de referencia de lo que podía y lo que debía ser un oficial del Ejército.

El proyecto de Pinilla —director de la Academia Militar— era, al igual que tantos proyectos de aquella época, un borrón y cuenta nueva.

minuciosa búsqueda, llego a la conclusión de que se me ha «extraviado».

Por la tarde me visitaron mis amigas. También recibo una llamada de mi abogado: vendrá mañana.

Idem, martes 20 de abril

Visita de mis amigas y el abogado. Con este último estudio la orden de arresto, que falla en varios puntos, por lo que me decido a elevar un recurso. En cuanto el abogado lo prepare me lo enviará y lo firmaré.

También me ha traído otra instancia de petición de baja de las Fuerzas Armadas, en la que me acojo a una ley cuyo texto especifica que si ésta se pide por motivos puramente políticos y sindicales se otorgará inmediatamente. El inmediato está fijado en cuarenta y ocho horas.

Idem, miércoles 21 de abril

Reunión con el comandante del Castillo; le entrego la nueva petición de baja y me firma la copia del escrito de remisión.

—Si no es indiscreción ¿a qué tipo de actividades políticas te vas a dedicar?

—Lo siento mucho, pero sí es indiscreción.

—Como comprenderás, en Capitanía tendrán que informar la baja y decir algo.

—Las actividades políticas a las que me voy a dedicar no interesan al Ejército, por lo que no tengo por qué decirlas.

Idem, jueves 22 de abril

Aparece en escena un nuevo coronel juez, de aspecto serio pero amable, acompañado de un teniente tan amable como el anterior, pero no tan serio, como tampoco lo exigía su papel de secretario.

Tras una breve presentación:

—Venimos a continuar las diligencias previas.

—Siento no poder satisfacerles: yo había manifestado en las anteriores poder tener la fotocopia en mis manos el lunes o el martes contando con que estaría en libertad, pero, entre la mudanza y el Castillo, me ha sido imposible llevar a cabo las gestiones pertinentes.

—¿Se ratifica usted en las declaraciones que figuran en las diligencias previas hechas en Las Palmas?

—Me ratifico.

—¿Considera que en un tiempo breve puede estar en posesión del documento referido en la declaración?

—Posiblemente lo tenga el martes de la próxima semana.

Preguntado si tengo algo más que declarar, he hecho constar lo que ocurrió en el Cuartel General del Ejército y la posterior llamada de don José.

Ídem, sábado 24 de abril

Visita de un compañero comandante.

—Vengo a verte como amigo; estaba de paso y... por saber. ¿Qué te pasó que no te dieron la baja?

—Se debieron enterar de que existían las declaraciones y la retuvieron.

—¿Y cuándo te la van a dar?

—Bueno, en teoría creo que ya no pertenezco al Ejército. He cursado una nueva instancia acogiéndome a una ley que dice...

—También es una solución afiliarte a un partido...

—Y sin afiliarme; yo de momento la he pedido sin explicar más motivos.

—Te la van a retener igual, ¿no?

—Según la ley, no, porque es de cumplimiento inmediato, sin tener que esperar a que nadie te comunique nada.

—La verdad es que te han hecho un favor metiéndote aquí, porque ahora te vas a inflar...

—No sé... no sé, ya veré lo que hago; tampoco es cuestión de ponerte ahora *a rajar*.[1]

—Algo sí, hombre.

—La verdad es que me ha «disgustado» mucho esta gente.

—Es una «tontería» esto.

—Con quien aluciné mucho fue con el juez de Mata —conocido del interlocutor—; el viernes, cuando me tomó declaración, me dijo que mi baja había salido en el *D.O.E.* del día quince.

—¿Cómo lo sabía?

—No sé si se lo dirían en Capitanía con vistas a que yo abriera

1. Expresión del argot militar cuya significación, en el contexto, puede ser «echar pestes».

más el pico en algún sentido, o algo así... No sé el efecto psicológico que querían conseguir.

—¿El hombre no se abrió?

—Sólo para decirme que no lo veía nada grave.

—A mí me parece que ahí ha habido un cierto nerviosismo, pero no por las declaraciones en sí, sino por el medio en que salieron.

—No creo que puedan sacar ningún tipo de falta o delito según el artículo 443 por hacer públicamente manifestaciones no autorizadas que afectan al prestigio de la institución militar, y existe el artículo 178 de las Reales Ordenanzas —ley posterior y de mayor rango que dice: «El militar tiene derecho de expresión, pero necesitará autorización previa para su ejercicio cuando trate cuestiones que pudieran perjudicar a la debida protección de la seguridad nacional o utilice datos que sólo pueda conocer por razón de su destino o cargo en las Fuerzas Armadas»—; pienso recurrir el arresto.

—¿Y qué vas a ganar? ¿Que cuando estés fuera de aquí te empiecen a mandar exhortos?

—Gano, en el peor de los casos, que se mojen y que me digan que no tengo razón con la firma del JEME, y del rey si es necesario.

Los días siguientes transcurrieron entre la lectura, el sueño y el conversar con mis compañeros.

Idem, jueves 29 de abril

Me reúno con el juez y el secretario.

—Hemos sufrido un fallo técnico: se nos ha olvidado el papel oficial donde hacer las declaraciones. Las haremos en otro papel, lo firmas y mañana te las traemos en otro y te devolvemos el que hoy firmes.

Como de entrada me negaba a firmar dos documentos que dijeran lo mismo:

—Es requisito legal que la firma sea efectuada en mi presencia; firmando éste me evitas que mañana tenga que volver de nuevo, bastará con que se acerque el secretario.

—De acuerdo.

Se me pide ratificación acerca de una de mis respuestas en la entrevista, ratifico el haberlo dicho y preguntado sobre el concepto especifico la edad a la que creí observarlo.

—¿Tiene ya en su poder el documento al que se refería en anteriores declaraciones?

—Sí.

—¿Es exactamente fiel la entrevista a lo que usted dijo?

—En algunos trozos sí y en algunos detalles no (en realidad eran muy pocos los detalles en que difería). Tengo que exponer que el orden de composición fue variado, que una frase suelta sacada de su contexto y remarcada puede resultar ofensiva cuando en su origen no lo fuera y que en ningún momento fue mi intención verter ofensas sobre el Ejército, ni sobre ninguno de sus componentes; ni, por supuesto, la actuación de mi abuelo.

—¿Tiene algo más que declarar?

—Respecto al primer párrafo de la entrevista («Cuando... invitado...»), tengo que declarar: en primer lugar, yo nunca llamé al periodista, por lo que voy a hacer un relato cronológico de cómo ocurrieron los hechos: El 11 de marzo pido la baja de las Fuerzas Armadas. En esos días viene de Madrid una amiga mía y me telefonea para vernos. Puesto que en casa tengo espacio suficiente, le ofrezco alojamiento. Le comento que he pedido la baja del Ejército y que, en vista de que se va a especular acerca de mis motivos, concederé una entrevista. Me dice ella que es muy amiga de Luis Cantero y que puedo confiar en él si quiero hacerlo. Respondo que espere; no quiero concederla hasta que se publique mi baja. La semana siguiente transcurre en el campo haciendo prácticas de contraguerrillas con mi Compañía. Recién llegado a casa recibo una llamada de mi amiga indicándome que está en el sur de la isla y que sale hacia casa. A los pocos minutos llama el periodista: está en el aeropuerto y pregunta por nuestra común amiga. Le invito a que venga a casa e intento que todo se solucione correctamente.

Idem, lunes 3 de mayo

Dada mi reciente experiencia con la baja, decido que la tramitación del recurso contra la falta leve que me tiene aquí retenido va a ser más larga que el fin de mi arresto. Hago caso a mi amigo el comandante, y me guardo el recurso.

Idem, sábado 8 de mayo

Por un informativo de la televisión canaria me entero de que mi baja ha salido en el *D.O.E.*

Idem, domingo 9 de mayo

Llamo por teléfono a Antonio, un amigo de Santa Cruz.

—Ayer intenté verte en el Castillo pero no me dejaron entrar. Dije que te dieran el recado de mi visita.

—No me han dicho nada.

Al rato me llama otra persona; tampoco le han dejado visitarme. Anteriormente me había escrito una carta en la que, entre otras cosas que llamaron mi atención, me decía que quería cambiar impresiones conmigo. Le contesté añadiendo que estaría encantado de charlar con él. No conté con que, para no estar incomunicado, lo estoy bastante. El segundo día de estancia en el Castillo me dijo el comandante que, pese a existir normas relativas a las visitas, había una gran flexibilidad. Repasando el reglamento por el que se rigen todos los castillos militares de España, se permiten visitas familiares, abogado y amistades, mientras que en las normas que obran en poder del suboficial de guardia las amistades no aparecen.

Ídem, lunes 10 de mayo

Con el comandante del Castillo y tras quejarme por lo de las visitas:

—Me han insistido en que le recordase la obligación que tiene todo militar de presentarse a la autoridad que le impuso el arresto, en este caso el capitán general, no vaya a ser que se le olvide; esto incorpora un aspecto...

—Incorpora un aspecto curioso. Si yo, desde el momento en que salga por la puerta, dejo de ser militar, no tengo ni obligaciones ni responsabilidad como tal.

—Yo, a nivel particular, tengo entendido que uno cesa en una situación cuando se lo comunican. ¿Te han comunicado ya la baja?

—Si la comunicación no ha pasado por sus manos, ¿cómo quiere que haya llegado a las mías?

—Seguramente no te lo comuniquen hasta que no te presentes en el Regimiento.

—¿Le importaría informarse al respecto?

—Usted sigue perteneciendo al Regimiento hasta que no tenga la confirmación de la baja comunicada por su coronel.

Ídem, martes 11 de mayo

Por la tarde me viene a visitar la amiga que en común tengo con el periodista. Está muy triste porque se le acaba de morir el perro.

—Hay gente que me ha dicho que soy la culpable de que estés en el Castillo, pero al respecto tengo la conciencia muy tranquila. Últimamente, cuando hemos hablado por teléfono, te he notado agresivo y temo que seas de la misma opinión y me guardes rencor.

—De lo único que te culpo es de traerme al periodista a casa habiéndote especificado que no quería conceder la entrevista hasta que estuviera totalmente fuera del Ejército.

—Yo sólo le dije que querías hacer unas declaraciones; te bastaba con haber dicho que no.

—Si un periodista viene expresamente de Barcelona porque alguien que está viviendo en mi casa le dice que quiero hacer unas declaraciones, no me parece correcto mandarle a freír espárragos. Ten en cuenta que estaba recién llegado del campo y no muy centrado en la onda, por lo que resolví coger el toro por los cuernos, achacarle el detalle al destino y procurar que saliera la película lo mejor posible.

—Después de conceder la entrevista pudiste destruir las cintas o, cuando tuviste la fotocopia de la transcripción, haber borrado lo que no te gustaba.

—Lo primero no me pareció legal, y respecto a lo segundo, corregí algo, pero en una hora y con prisas, ya que el periodista tenía que irse a Barcelona. De haberlo hecho con más tranquilidad habría matizado más alguna respuesta y borrado todo lo referente a mi familia.

—Fuiste tú quien diste permiso a la revista para que lo publicase.

—En eso la cagué al fiarme de la palabra de don José. Fíate de la Virgen y no corras, decía un cojo perseguido por un toro. De todos modos, si los acontecimientos se desarrollaron así sus razones existirían. Como me escribía en una carta un personaje que no he podido conocer personalmente: «Bueno, amigo, recuerda que la casualidad y el azar no existen, nos parece que lo son porque no queremos admitir lo mágico de la vida.»

El suboficial de guardia, un tanto apuradillo, viene a avisarnos de que el horario de visitas ha finalizado y que se encuentra allí el jefe de día.

No estoy con ganas de hablar con nadie, por lo que me voy a dar una ducha. En diez minutos el comandante envía a mis dos compañeros de encierro insistiendo en que baje. Cuando al fin lo hago:

—Pasaba por aquí y decidí tomarme una copa con los oficiales arrestados; ignoraba que tú estuvieras entre ellos.

Insiste en que me siente en una butaca baja similar a la que ocupan mis compañeros. Él, aparte de medir cerca de dos metros, se encuentra sentado en una silla alta. Una vez sentado a su altura:

—Temo que, en vez de una copa, nos tengamos que tomar un café, las bebidas alcohólicas nos están prohibidas.

Tras una introducción un tanto inconcreta:

—Lo que escribieron en *Interviu*, ¿lo dijiste tú o se lo inventaron los periodistas?

—La mayor parte, y excepto algunos detalles, lo dije. ¿Por qué me lo preguntas?

—Porque decías que el Ejército es una mierda. ¿Es eso lo que opinas?

—Creo que, como toda institución humana, tiene grandes cualidades y adolece de defectos.

—Sí, pero allí sólo destacabas los defectos.

—No estoy de acuerdo; creo que también señalaba cualidades, al menos para el que supiera entenderlo.

—Lo cierto es que no lo he leído, pero por lo que me han comentado...

—Pienso que el que no lo haya leído no puede opinar.

—Cambiando de tema, si hubieras ido a la Legión no habrías pedido la baja.

—No lo sé, no fui por tres puestos de promoción. Por otra parte, creo que es importante conocer desde el principio un Regimiento normal, lo que es la base de nuestro Ejército.

—Lo que no entiendo es qué haces aquí habiendo salido tu baja y no estando sujeto a procedimiento. Hoy lo destacaré cuando dé novedades.

Idem, jueves 13 de mayo

Esta mañana, Paco, el teniente, ha ido al oftalmólogo del hospital. Tiene una mancha en el ojo que le impide parcialmente la visión. Para mayor rapidez, así se lo aconsejaron, entró por urgencias. Le han dado cita para finales de agosto. ¿Qué habría sido de ir por consulta normal?

Santa Cruz de Tenerife, Capitanía General, martes 18 de mayo

Salgo del Castillo y me dirijo, tal y como me habían insistido, a ver al capitán general. Como ya tengo en el bolsillo la comunicación oficial de mi baja en el Ejército, voy vestido de paisano, que es lo reglamentario. Tras esperar un rato en el antedespacho, me invitan a firmar en un libro y me dicen que me vaya. Más tarde me he enterado que no me recibió por ir de paisano. No acabo de entenderlo.

Apéndice

Transcripción de la entrevista de Luis Cantero a Cristóbal Martínez-Bordiu Franco. Grabada el 21 de marzo de 1982 en Tafira, Las Palmas

Esta entrevista fue la base del reportaje publicado en la revista Interviu *dando noticia de mi petición de baja en el Ejército. La entrevista motivó mi arresto de un mes en el Castillo de San Joaquín, Santa Cruz de Tenerife.*

A lo largo de los interrogatorios con las autoridades militares, tres supuestas injurias a las FF AA centraron el interés de quienes entonces eran mis superiores. Los molestó sobremanera: opinar que los generales que hacían antesala en El Pardo estuvieran «acojonadillos»; decir que se controlaba la hora en que fichaban los jefes y oficiales; opinar que al morir el abuelo las FF AA se sintieron huérfanas, pues «llegó el momento en que no se sabía si era el Ejército de España o era el ejército de mi abuelo».

—¿Qué era el ejército para ti desde fuera en aquel entonces?

(Se refería al momento anterior a tomar la decisión de ingresar.)

—En aquel momento, yo sólo conocía del ejército los desfiles y los generales que hacían antesala ante el despacho de mi abuelo, más o menos acojonadillos porque tenían que hablar con él, o bien a través del oficial de guardia de El Pardo y la gente del servicio de seguridad, que en realidad eran un poco molestos porque le pedían el carnet de identidad a mis amigos y les ponían pegas para entrar, con lo cual resultaban bastante pesados en ese sentido.

—¿La Academia respondió a tu expectativa de lo que era el ejército?

—La Academia era un poco putada porque era verdaderamente dura.

—Pero es bueno que sea dura, ¿no?

—Es fundamental que sea dura, y la selección también era rigurosa, fuerte. El año en que ingresé yo se presentaron cuatro mil y pico.

—¿Tanta llamada sigue teniendo el ejército en España?

—Sí, el ejército sigue teniendo una fuerte llamada.

—¿Qué clases sociales acceden al ejército en estos momentos?

—Principalmente, y en su mayoría, una clase media e incluso una clase media baja. Hay bastante gente de zonas rurales y después hay otro gran porcentaje, que puede ser un cincuenta o un sesenta por ciento, que son hijos de militares o guardias civiles. Gente de las fuerzas armadas.

—Dentro de las familias militares, ¿es bastante corriente que los hijos o los nietos se inclinen por las armas o, por el contrario, buscan un distanciamiento generacional por otros caminos?

—Se da bastante el caso de hijos de militares que quieren ser militares. Como también los hay que prefieren ser cualquier otra cosa, pero normalmente hay una gran cantidad de familias en donde el abuelo era militar, el padre es militar y de cinco hermanos, cuatro también se hacen militares.

—¿Qué motivaciones tienen los chicos que vienen de medios rurales para entrar en el ejército?

—Todo el mundo aspira a progresar, y para un chico que viene del pueblo las personas con más categoría de su entorno son el cura y el teniente de la guardia civil, de ahí que vean en el ejército una forma de adquirir status social, prestigio y respeto. También lo que representa como carrera de acción.

—Habrá otros muchos con motivaciones parecidas a las tuyas.

—Pocos.

—¿Qué significó para ti el hecho de competir con cuatro o cinco mil muchachos de extracción más bien humilde siendo un cadete tan significado? ¿Te veías mirado de forma distinta? ¿Te veías observado?

—Yo tenía un cierto complejo de hijo de mi padre y nieto de mi abuelo que superé gracias al ejército. El salir de un círculo tan restringido como el mío y competir con tanta gente me fue dando seguridad en mí mismo, me fue endureciendo. Hasta entonces, había vivido entre algodones y no sabía lo que era la verdadera lucha.

—¿Cómo reaccionaban ante ti los mandos de la Academia? ¿Con más o menos indulgencia que hacia los demás?

—Dependía del mando. Normalmente, tendían a exigirme más en la mayoría de los casos y querían ponerme como espejo o modelo de los demás, lo que aún resultaba más difícil y comprometido. Era aquél un reto que tenía que aceptar diariamente y que en algún momento casi me obliga a arrojar la toalla y abandonar, pero superé las dificultades y salí adelante.

—¿Qué era lo más duro de la Academia?

El alto Estado Mayor Republicano, y en particular el general Rojo, eran admirados como hombres experimentados del Estado Mayor que sabían plantear una batalla según el libro de texto y asumiendo rigurosamente las últimas lecciones de táctica militar.

Aunque esto parezca difícil creerlo, no empecé a oír a hablar de la guerra civil hasta después de muerto el abuelo. (Primer desfile de la Victoria, 19 de mayo de 1939.)

La descalificación global de Carrillo y del partido comunista era sobre todo patente entre los mandos. Difícilmente podía entender el mando que alguien como Carrillo podía tener presencia pública y política.

—El régimen de internado y la falta de libertad de movimiento y tiempo. Había que concentrar en ella todas las energías.

—¿Por qué deja uno de ser militar después de tanto esfuerzo para conseguirlo?

—Yo me propuse ser teniente y ya lo he sido. No dije que quisiera ser militar toda mi vida. Desde que salí de la Academia he estado en Las Palmas, primero de segundo oficial de una compañía y después de primero. Ha sido una experiencia bonita que realmente me ha satisfecho, pero ahora quiero realizarme por otros caminos.

—¿Es bueno que al militar se le exija una dedicación plena? ¿No sería interesante que pudiera alternar su condición con otras ocupaciones en el ámbito civil?

—La dedicación plena es buena para el ejército, pero no para el militar observado como individuo. A mí, particularmente, me gusta escribir, opinar, viajar, todo esto me lo coharta el ejército.

—¿No puede un militar en activo escribir en los periódicos?

—Puede, siempre que no hable de temas militares ni políticos, pero si uno vive en un entorno militar de lo que puede escribir es precisamente del ejército con conocimiento de causa, así que... Por otra parte, es difícil coger la pluma y contentar a todos tus superiores.

—Si tu abuelo siguiera vivo y en el poder, ¿habrías sido militar?

—No lo habría sido. Mientras que mi abuelo vivió, ni se me ocurrió meterme en el ejército.

—¿Tenía él el deseo de que algún nieto lo emulara?

—Él era un militar, toda su vida lo había sido y su cabeza funcionaba como la de un militar, y creo que se sentía militar por encima de todo; bueno, por encima de todo no, después de hombre. Indudablemente le habría hecho ilusión, pero meterme en el ejército cuando mi abuelo mandaba en las fuerzas armadas no hubiera sido lo mismo, porque no habría conseguido uno de los principales motivos que me llevaron a la Academia, que fue el deseo de competir con los demás sin ventajas y endurecerme a mí mismo.

—¿Tan distinta hubiera sido la cosa?

—Creo que sí, porque todo militar aspira al ascenso y sabe que si al nieto del jefe del estado le mete un poco de caña y él hace algún comentario desfavorable puede resultar perjudicado, así que me hubieran vuelto a tener entre algodones, lo que no me interesaba en absoluto.

—¿Qué era para ti el ejército desde fuera y qué ha sido desde dentro?

—Desde fuera, como es muy cerrado, tenía muy pocos puntos de referencia y no había podido hacerme una composición de lugar.

—¿Nunca habías hablado con tu abuelo cuando eras chaval de lo que era el ejército en realidad?

—No demasiado. Es curioso. Con respecto a sus guerras y sus anécdotas sé más o menos lo que el resto de los españoles. Él era general a los treinta y tres años y...

—¿Dejarías tú el ejército si supieras que a la misma edad ibas a tener la misma graduación?

—Probablemente no lo dejaría, pero la posibilidad es muy remota.

—¿Por qué no se puede ser hoy día general a los treinta y tres años?

—Porque no hay guerra.

—¿Y no sería interesante que hubiera una posibilidad de saltarse el escalafón demostrando aptitudes en maniobras, estrategias o tácticas?

—Sí, pero eso tendría que juzgarlo alguien, y es verdaderamente difícil que se obre con justicia e imparcialidad. En una guerra es distinto, porque se demuestra combatiendo. De todas formas, sería bueno para el ejército que los generales tuvieran entre cuarenta y cincuenta años.

—Bien, volvamos a tu visión del ejército, ya desde dentro.

—Desde dentro, el ejército ha representado en primer lugar mi trabajo.

—¿Realmente es un trabajo lo que hace el militar?

—Es un trabajo desde el momento en que fichas a las ocho para entrar y vuelves a fichar a las cinco para salir.

—Pero... ¿verdaderamente se ficha en los cuarteles, hay un reloj para controlar a los oficiales y jefes como si fueran simples obreros?

—No hay un reloj, pero hay un coronel que llega a las ocho porque lo están controlando para que llegue a las ocho y él se encarga de que todos los demás también lleguen a las ocho.

—O sea, que el militar es un trabajador sin derecho a huelga ni libertad de expresión que además tiene que hacer guardias.

—Algo así, devengas una cantidad de horas bárbaras dentro del ejército. Y en un ejército en paz el punto de vista de que un militar sea bueno o sea malo ya no depende tanto de que cumpla bien, mejor o peor con su trabajo. Una compañía sale al campo. Hace sus ejercicios. Normalmente, si es supervisada, es supervisada un día que aparece su teniente coronel o incluso el general a darse una vuelta por allí, en donde si le invitas a un buen vino y es un poco tripero y le das buena tortilla, se queda muy contento el general, pero es muy difícil de apreciar si esa compañía está funcionando o no, en vista de lo cual donde se observa el que es mejor militar o peor militar es muchas veces en las barras, o es entre las mujeres, o es a la hora de las comidas, o es a la hora de las amistades personales, porque no tiene una guerra donde demostrar que es mejor y ha de organizar su estrategia en esos otros frentes, que no son puramente militares.

—¿Debería integrarse más el militar en la sociedad que está viviendo o es bueno que sea una casta aparte?

—Yo creo que el militar debería estar bastante más integrado. De hecho, la polarización a que está llegando el ejército con la sociedad no conviene nada para España, que es lo que debe interesar a todos, pero por otra parte veo que es perfectamente lógico, dada la educación del militar. Creo que la culpa de esto la tiene la Academia General Militar.

—¿Habría que reestructurarla?

—Bueno, hay muchas veces que hablamos de una reestructuración, cuando son pequeños detalles los que hay que rectificar, que no es una reestructuración total. Estamos muy acostumbrados al borrón y cuenta nueva y vamos a hacer una gran parida. Cuando estaba yo en la Academia se intentó hacer una cosa parecida. De repente intentaron crear un régimen utópico con el cual anulaban todo el anterior y la cosa no funcionó. Después se ve que se dieron cuenta en las altas esferas y se cortó el experimento, pero las pequeñas correcciones serían muy oportunas.

—Y...

—De hecho, la razón de que el ejército sea una casta aparte la da un detalle: que son los cinco años de academia. Cuando uno está cinco años interno en una academia general militar, sus amigos son militares, los fines de semana sale con militares y llega un momento en el que el punto de vista que tiene de todo es el punto de vista militar, la verdad es la militar y el resto no cuenta. Si a eso se une el hecho de estar en una edad en formación, el resultado es lógico.

—¿Hay una casta militar?

—Hay una familia militar que de alguna forma te hace marcar su paso, aunque yo, personalmente, he procurado alternar, relacionarme e informarme al margen de ella para tener más puntos de referencia y enriquecerme más, por lo que la familia me ha mirado siempre como el hijo un poco díscolo en ese aspecto, que no a la hora de cumplir con mi trabajo. Me lo han echado un poco en cara...

—¿El militar es un empleado?

—Bueno, el militar es un empleado desde el punto de vista que cobra su sueldo, tiene su trabajo y además no puede hacer otra cosa, y, además, yo creo que cada día más. A la hora de meterte en el ejército tienes unos motivos idealistas... creo que hay mucho idealista en el ejército... yo me considero bastante un idealista, pero que después, según va transcurriendo el tiempo, lo que le va haciendo permanecer en el ejército ya no es el ideal, sino el sueldo que percibe, que, por cierto, no es demasiado bueno. Yo, por ejemplo, estoy cobrando alrededor de las noventa mil pesetas al mes porque estoy aquí en Canarias, si no cobraría setenta u ochenta como máximo.

—¿Existen al margen del sueldo ventajas adicionales?

—Bueno, el economato, pero la diferencia de precio con respecto al mercado es cada vez menor, y también los pabellones militares, pero a un compañero que lo ha solicitado le han dicho que tendrá que esperar tres años.

—¿Y es bueno que el militar viva siempre entre militares en estos pabellones, como los guardias civiles en sus casas-cuartel?

—Por lo menos para mí no es bueno y no lo aguanto. Me gusta tener otros medios de información que los que el ejército me brinda.

—Hablando de ventajas, también os quitaron los asistentes.

—Sí, hace diez o doce años. Una ventaja adicional que supone el hecho de ser militar es el respeto.

—¿El civil se mira al militar con respeto o con miedo?

—Yo creo que hay bastante incomprensión por una y otra parte.

—¿El militar entiende al hombre de la calle?

—Algunos sí, pero en su mayoría no, por lo poco que se relacionan.

—¿Cuáles son las desventajas del militar con respecto al civil?

—Primero, la gran responsabilidad de todas sus funciones. El hecho de que un obrero de la SEAT hable mal de la empresa, no tiene la menor importancia. En cuanto a un militar no le gusta algo de lo que está ocurriendo, no sólo en su empresa, sino en España, se echa todo el mundo encima. Después no tiene algún tipo de derechos, como creo que no debe tenerlos, ni a huelga, ni a protestas...

—¿Y debería tenerlos?

—No, el militar no debe tener derecho a huelga. El ejército actualmente lo regula la política y lo que sí tiene que haber es una mayor comprensión y valoración de los políticos para con el ejército, para darse cuenta de que son una gente que han renunciado a un montón de derechos que tiene un ciudadano y que a cambio qué: decirles, bueno, estás sirviendo a la patria, eres el depositario de las armas de la nación, eres la salvaguardia de toda la estructura, pero en este tiempo hasta esta honra personal se les está intentando quitar, y entonces, ¿con qué les dejas? ¿Con el sueldo? Si les dejan sólo con el sueldo les tendrían que pagar tres veces más.

—¿Qué capacidad operativa al margen de su profesión tiene el militar? ¿Puede escribir, hacer trabajos marginales, negocios, o su único recurso para matar el tiempo es el alcohol y el cigarrillo? Te pregunto esto porque de todos es sabido que los militares beben mucho, probablemente porque se aburren y no saben cómo llenar su ocio. Teóricamente, podrían ser grandes deportistas, pero raramente destacan en especialidades ajenas a su cometido.

—De entrada, el ejército no es incompatible con el arte o el deporte, aunque sí lo sea con los negocios por exigir dedicación plena, pero absorbe muchas horas. A partir del grado de comandante hay más tiempo libre, pero a una persona que ha pasado media vida en el contexto militar le es muy difícil integrarse en otro tipo de actividades.

—¿A qué llamamos España, José Cristóbal?

—Llamamos España a un conjunto de personas. Llamamos España a un territorio. Llamamos España a una historia, y llamamos España, principalmente, y por lo menos en lo que a mí me concierne, a una idea de esfuerzo en común. Eso es lo que deberíamos llamar España. Lo que ocurre es que muchas veces yo ya no sé si hay alguien que habla de España, o cada vez van quedando menos que al pensar, hablar y actuar, piensen en España.

—Parece que la cosa ha remitido un poco, pero durante un cierto tiempo parece que a la gente le daba vergüenza hablar de España, decir «soy español» o llevar la bandera. ¿A qué se debió este fenómeno que no se ha dado en ningún otro país del mundo?

—Bueno, quizá porque se había llegado a un momento en que no se sabía si España era Franco o Franco era España, y verdaderamente Franco era un servidor de España que anteponía su patria a su familia y a él mismo, pero la gente que negaba o se oponía a mi abuelo negaba también a esa España que él tanto quería y eso era absurdo, porque el régimen de Franco y Franco mismo tendrían sus aspectos positivos y negativos, pero no hay que desmitificarlo hasta el extremo de arrasar con los símbolos y el espíritu del propio país. Él era un gran patriota y se entregó a España totalmente, con lo cual un poco la gente, de rebote de esa desmitificación, dice: Franco-España, y Franco no era España, sino un español.

—Siete años sin Franco. ¿Qué ha significado este tiempo para el ejército, para España, para ti particularmente?

—Para mí, que se murió mi abuelo, una persona a la que yo admiraba mucho y que se murió el mayor condicionante que yo he tenido, ya que marcaba mi vida totalmente. El hecho de que ya no exista me da más libertad de acción, de movimiento, de expresión, porque antes había muchas cosas que yo podía querer hacer o desear pero sabía que podían perjudicar a su figura y me abstenía.

Lo corriente en los ambientes militares era que se encajasen las críticas al abuelo como críticas a las Fuerzas Armadas, ya que la figura de él era prácticamente sagrada en tales ambientes.
(Celebración de la Pascua militar, el 6 de enero de 1975, en el palacio de Oriente, con asistencia del Príncipe Juan Carlos.)

La superreligiosa de la familia es mi abuela, que, de no casarse, hubiera sido monja.

Girón de Velasco, Blas Piñar, Utrera Molina y tantos otros, fanáticos del abuelo, reivindicaban constantemente su obra, cosa que indudablemente infundía respeto a mi madre y a la abuela.

Utrera Molina.

Girón y Blas Piñar.

Para el ejército, la muerte de mi abuelo fue un desastre porque les ocurrió una cosa: el que mandaba en España era puramente militar. Eso al ejército le venía muy bien. Se sentían mucho más respaldados y más seguros en sus actuaciones. Aparte que era una persona que respetaba al ejército dentro de un nivel muy fuerte. Llegó un momento en que ya no se sabía si era el ejército de España o era el ejército de mi abuelo. Sí, creo que era el ejército de mi abuelo..., de ahí que al morir él se sintieran huérfanos.

—¿El militar es tentado día a día por el mundo civil?

—Indudablemente es tentado.

—¿Qué es lo que más tienta al militar?

—A mí lo que más me tentaba era el carecer de una serie de derechos que podía tener cualquier ciudadano: libertad de movimiento, libertad de expresión y libertad para discrepar con personas de mayor grado.

—El concepto de la vida y la muerte, son distintos me imagino para un militar que para un civil.

—Sí, el militar, creo, por lo menos yo me lo he planteado así incluso antes de entrar en el ejército, ha de tenerle un cierto desprecio a la vida. A mí me encanta vivir, pero tampoco me importa morir. En realidad, lo que le da valor a la vida es la muerte.

—¿Ve el militar a la mujer de forma distinta que el civil? ¿Cómo ve la mujer al militar? ¿Es el militar la representación del macho? ¿Se pirran las tías por los uniformes como antaño, o la cosa ha cambiado?

—Yo sólo puedo decirte que algunas mujeres se han alejado de mí por el simple hecho de ser militar, ya que le dedicaba demasiado tiempo al ejército y poco a ellas. El mito del militar que enloquece a las mujeres con su uniforme no se ajusta actualmente a la realidad. Eso ocurría antes, cuando el militar tenía una consideración que ya no tiene. El militar ha dejado incluso de ser un buen partido, puesto que un teniente gana menos que un obrero especializado. Además, el casarse con un militar obliga a una vida de sacrificio, a continuos cambios de destino y a asumir de alguna forma la condición militar.

—O sea, que eso tan pregonado de que la mujer del militar también lleva los galones...

—Hay muchas que sí los llevan. Principalmente las de los jefes.

—¿La libertad de expresión y la disciplina podrían ser compatibles en el ejército?

—Creo que sí, lo que pasa es que modularlo es difícil. La institución militar no puede atravesar una crisis que la deje inactiva, y si por culpa de la libertad de expresión sobreviene esa crisis, aunque después sirva para mejorar la institución, el riesgo es demasiado grande y el ejército no se lo puede permitir. Pero al mismo tiempo hay un montón de cosas que en un momento te gustaría decir o mejorar y no puedes, porque aunque los mandos hablen de «contraste de pareceres» y en sus discursos pidan una mayor sinceridad de sus subordinados, a la hora de la verdad todo se queda en un taconazo. Los galones siguen privando sobre las ideas. Pesan mucho los emblemas...

—¿Qué fue para ti la Unión Militar Democrática?

—Una serie de personas que hasta cierto punto les podía ocurrir lo que le puede ocurrir a mucho militar, que hay un montón de cosas que no les gustan, pero que cayeron en lo que suele caer un montón de gente: en fiarse de otro que les promete que pueden conseguir algo haciendo una cosa paralela e ilegal. Yo, antes de hacer estas declaraciones, he dejado el ejército. Mientras que he estado en el ejército tenía estos pensamientos, pero no los he dicho. Creo que ésa es la diferencia. Hay que ser consecuentes. Si tú entras en una institución que tiene unas leyes, o te riges por esas leyes o dejas la institución, y a partir de ese momento...

—Pero hay revoluciones que no se pueden hacer desde fuera.

—Por supuesto, pero tampoco desde dentro. Dentro de un ejército no puede haber democracia. La democracia y el ejército son totalmente incompatibles, y me refiero a la democracia interior, por supuesto. El militar tiene que tomar decisiones rápidas y no puede andar buscando la mayoría para ejecutar sus acciones. En ese sentido yo creo que está bien organizado y se lleva bien. El mando dispone de su estado mayor a la hora de tomar una decisión en donde es aconsejado, pero la decisión sólo puede tomarla él.

—¿En la JUJEM están todos los que son o son todos los que están?

—Con respecto a las altas esferas del ejército, pienso que ocurre un poco una cosa derivada de que fuera el ejército de mi abuelo. Necesitan dentro del ejército personas leales al rey. Entonces hay que buscar siempre personas que sepas que van a tener esa lealtad. Pueden ser los mejores o pueden no serlo. Durante el mandato de mi abuelo se respetaba mucho la escalilla de generales. Últimamente, se han hecho verdaderas barbaridades de saltar a unos sobre otros, sencillamente porque se buscaba la lealtad ante cualquier otra cosa. Me imagino que los de la JUJEM serán leales. Que sean o no los de más prestigio dentro del ejército eso ya no importa tanto.

—¿Debe ser un líder el militar?

—Dentro de su conjunto, indudablemente.

—Tu abuelo también lo fue fuera del ejército.

—Se dieron para ello circunstancias excepcionales. Al militar, si es muy profesional, no se le conoce fuera del ejército aunque dentro sea un auténtico líder. De hecho, cada jefe de unidad ha de ser al mismo tiempo su líder, aunque en la práctica no siempre sea así. En la época de mi abuelo hizo falta un líder del ejército fuera del ejército. En este momento creo que no.

ÍNDICE ONOMÁSTICO

Las cifras en cursiva remiten a las ilustraciones